Comment parler d'art aux enfants

→Françoise Barbe-Gall

éditions le baron perché

sommaire

À Yoram.
Pour Emmanuel, Éden, Raphaël.

Déjà parus :
Comment parler du Louvre aux enfants?
A Kid's Guide to the Louvre for Adults
Comment parler des arts premiers aux enfants?
Comment parler du musée d'Orsay aux enfants?
Comment parler du château de Versailles aux enfants?
A Kid's Guide to the Palace of Versailles for Adults
Comment parler du Centre Pompidou aux enfants?
Comment parler de politique aux enfants?
Comment parler de religions aux enfants?
Comment parler de Léonard de Vinci aux enfants?
Comment parler de Vincent Van Gogh aux enfants?

En couverture :
Portrait de Giovanni Arnolfini et de son épouse
(détail), Van Eyck

30, rue Jacob
75006 Paris

ISBN : 978-2-36080-000-1
Dépôt légal : octobre 2009

Introduction

Ce livre voudrait faciliter la vie de tous ceux qui aiment la peinture sans vraiment savoir comment la regarder et qui souhaiteraient partager ce plaisir en en parlant avec leurs enfants. Il n'a d'autre ambition que de fournir quelques clés.
Il ne requiert aucune connaissance préalable, ni en termes historiques ou artistiques, ni en pédagogie. Ce n'est pas un manuel d'histoire de l'art : on n'y trouvera ni les divisions chronologiques habituelles, ni une succession de termes savants propres à décourager le lecteur.

Le monde de la peinture demeure relativement intimidant. Les interrogations les plus évidentes ne sont pas toujours aisées à exprimer. On hésite à s'avouer ne rien comprendre à une œuvre devant laquelle tout le monde s'extasie et il n'est pas plus commode de savoir ce que l'on apprécie dans une autre. Les questions, surtout les plus logiques, restent sans réponse le plus souvent parce que l'on n'a pas osé les aborder, convaincu d'être le seul à ne pas savoir « ça » : ce qui bien sûr est faux. Aussi ce livre pose-t-il clairement ces questions. Les explications apportées, sans prétendre à l'exhaustivité, s'efforcent d'y répondre avec le plus de clarté et d'exactitude possible.

L'approche traditionnelle des œuvres se trouve ici renversée : au lieu de se voir proposer un ensemble d'informations théoriques sur l'époque, le contexte, l'artiste, le sujet, etc., le lecteur aborde directement l'image. C'est elle, le point de départ. Un tel parti pris s'explique aisément : pour l'enfant, comme d'ailleurs pour l'adulte dont ce n'est pas la spécialité, le tableau constitue toujours la priorité. Il est là, immédiat, au présent. Inutile donc de se perdre en préambules et en détours qui noieraient l'intérêt à peine éveillé. Qu'y a-t-il à voir et pourquoi ? Comment le dire avec des mots ordinaires, ceux que l'on emploie tous les jours ?

Pour préparer une visite de musée avec un enfant, pour répondre à des questions qu'il aura posées en voyant un tableau dans une église, dans une brocante ou dans un livre, chacun pourra trouver des pistes pour satisfaire sa curiosité et suivre le parcours qui lui convient. Selon le moment ou l'humeur, ce livre semblera trop court ou un seul paragraphe suffira. Il est à feuilleter, à emporter avec soi, à lire dans tous les sens : s'il parvient à donner le sentiment que, finalement, tout cela n'était pas si compliqué, il aura gagné son pari.

les
bons

débuts

ra Angelico
Uccello
osch Botticelli
Vinci
Patinir
Titien
e La Tour
Ribera
de Heem
Poussin
Vermeer
Goya
Turner
onet
Degas
n Gogh
Léger
Chagall
ondrian
Pollock
casso
Klein
asquiat
Bacon
aselitz

Susciter l'envie de voir des tableaux

Comme pour la lecture, l'intérêt des enfants pour l'art et en particulier pour la peinture n'a rien d'automatique. Peu de chose suffit parfois à le faire naître, peu de chose peut en détourner... Mieux vaut être prudent quant à la façon dont on aborde le sujet.

Abandonner les vieux réflexes.
Avec les meilleures intentions du monde, il arrive pourtant que l'on prenne un mauvais départ. Qui n'a entendu dire ou dit soi-même : « On ne peut pas passer dans cette ville sans aller visiter le musée », « Ça fait partie des choses qu'il faut connaître » ou encore « Tu verras, c'est très intéressant » ou « très beau »... Ces arguments, certes très honorables pour un adulte, sont dénués de fondement pour un enfant. On a très peu de chance d'éveiller son intérêt — encore moins de susciter son envie — avec de tels propos, rien ici ne constituant une raison valable à ses yeux. Avec une telle entrée en matière, vous avez donc toutes les chances de compromettre la réussite de votre projet.

Interroger ses propres souvenirs.
Après tout, êtes-vous si sûr vous-même de savoir pourquoi cela vaut le déplacement ? Quels souvenirs avez-vous de vos premiers pas dans une exposition ? S'ils sont mauvais ou simplement poussiéreux, autant les garder pour vous. La mémoire de l'ennui, c'est encore de l'ennui et c'est contagieux. Si au contraire l'expérience a été plaisante, alors tentez de retrouver pourquoi. Ne rationalisez pas, abandonnez le savoir et les notions théoriques que vous avez pu acquérir depuis et reportez-vous à l'époque de cette première impression. C'est par là qu'il faut commencer, c'est cela surtout qu'il faut transmettre...

Exprimer simplement l'impression du moment.
Sans être obligé de remonter loin dans le temps, il y a sans doute une œuvre, un lieu, un détail d'un tableau ou d'une sculpture qui, un jour, a touché une part de vous-même. Ce pouvait être une chose toute simple : une sensation passagère, une ambiance, une couleur, l'exposition dont on parle, une reproduction dans le journal ou dans un livre. C'est cela, mieux que n'importe quel savant discours, que vous partagerez avec un enfant en utilisant vos propres mots, ceux de tous les jours.

Le privilège d'un échange affectif.
Dans tous les cas, c'est ce qui revêt pour vous un intérêt véritablement personnel et la dimension affective du message qui le fera passer. Dites à un enfant que vous aimez telle œuvre, que telle autre vous déplaît, qu'elle vous amuse, vous intrigue... Il est probable qu'il tiendra à savoir pourquoi, à pénétrer plus avant dans le secret. Mieux encore : n'hésitez pas à lui avouer que vous ignorez pourquoi vous ressentez ceci ou cela... Sollicitez son avis, avec un peu de chance, il vous prêtera ses mots

à lui. Soyez certain que — plus encore que la valeur intrinsèque d'une œuvre quelle qu'elle soit par ailleurs — le prix subjectif que vous lui accordez compte infiniment plus pour l'enfant. Il s'agit d'entrouvrir une porte qui n'appartienne qu'à vous. Votre parole est souveraine, il ne s'agit pas d'un enseignement scolaire, mais d'une confidence et du privilège qu'elle suppose.

Savoir limiter son enthousiasme.

Surtout, ne vantez pas trop par avance ce que vous allez montrer à un enfant. Vous le priveriez d'une jouissance toute légitime, celle de sa propre découverte. À tout âge, rien n'est plus ingrat que d'entendre quelqu'un se répandre en éloges sur quelque chose que l'on ne connaît pas, que l'on n'a pas encore vu, lu ou visité...Refréner votre propre enthousiasme se révélera donc nécessaire : l'enfant pourrait percevoir qu'il s'agit de votre territoire personnel et qu'il n'y a là aucune place pour lui. Si vous lui exprimez d'emblée votre plaisir, vos émotions, vos opinions sur tous les tons, que lui reste-t-il ? Laissez-lui donc de l'espace et du silence pour trouver son propre langage. Certes, un adulte muet devant un tableau qu'il entend faire apprécier à un enfant n'est guère convaincant. Mais un adulte trop prolixe, trop assuré de ce qu'il sent et de ce qu'il sait est sans doute pire.

Laisser l'enfant faire ses propres choix.

Si l'enfant ne partage pas votre intérêt, abandonnez-lui le gouvernail. Une fois l'impulsion donnée, il faudra respecter les priorités qui sont les siennes. Vos préférences auront fourni un point de départ, mais c'est tout. Observez ce qui l'attire. Suivez-le de salle en salle jusqu'à ce qu'il s'arrête devant quelque chose qui lui parle, quitte à passer sans un regard devant ce qui est pour vous (et sans doute pour d'autres) un pur chef-d'œuvre. Il sera toujours temps d'y revenir ou plutôt d'y arriver. Votre but est de permettre, de provoquer une rencontre : il n'est pas forcément en votre pouvoir de déterminer où et quand elle doit avoir lieu. Le choix de telle ou telle œuvre peut vous surprendre, vous déconcerter voire aller à l'encontre de vos goûts, mais c'est lui qui offrira sans conteste le meilleur point de départ, qu'il s'agisse d'un paysage du XIXe siècle ou d'une toile monochrome des années soixante.

Commencer où l'on veut.

La question de savoir « par où commencer » doit être laissée de côté. À ce stade, l'idée n'est pas d'engager l'enfant dans un apprentissage méthodique de spécialiste tenant compte de la chronologie, de l'histoire des civilisations ou des styles. Si plus tard il souhaite acquérir une culture artistique approfondie, ce sera une autre affaire. Il y passera alors le temps requis et se pliera aux exigences particulières de la discipline. Pour l'heure, ne pensez qu'à lui offrir un plaisir, le plaisir très simple mais assez rare, de bien voir. Commencer en découvrant que l'on a la liberté de regarder exactement ce que l'on veut, seulement ce dont on a envie, aussi longtemps (ou aussi brièvement) qu'on le désire, en est une des conditions majeures.

Les secrets des visites réussies

Si l'on veut que la visite au musée, dans une exposition temporaire, dans une galerie d'art, etc., soit à la fois agréable et profitable, mieux vaut prendre en compte certaines règles simples, si simples justement qu'on les oublie parfois :

Bannir les visites « jour de pluie ».
L'idée flotte encore dans beaucoup d'esprits, sans qu'on la formule toujours, que les après-midi pluvieux fournissent une excellente occasion d'aller visiter un musée. Il est évident qu'en vacances, par exemple, alors qu'un beau soleil brille, on préfère en général faire autre chose que « s'enfermer » avec des tableaux...
Voilà une notion à renverser : elle suppose que l'on se résigne à entrer dans ce genre d'endroit une fois épuisées toutes les autres possibilités de « passer le temps ». Une balade au musée doit être un choix, pourquoi pas une fête, certainement pas une solution de rechange ou un pis-aller.Il est de surcroît infiniment plus plaisant d'apprécier des peintures éclairées par une belle lumière que par temps gris. Quoi de plus lugubre, au contraire, que de faire la queue aux vestiaires pour déposer les imperméables ou les parapluies dégoulinants... De tels détails ne comptent pas pour l'amateur déterminé, mais ils peuvent fausser complètement les premières impressions d'un enfant.

Choisir une destination qui n'impose pas un trajet trop long.
Chacun a déjà entendu les éternels « C'est encore loin ? », « Quand est-ce qu'on arrive ? » lors de n'importe quel trajet avec un enfant. Si le musée visé nécessite un voyage trop long, il est préférable d'y renoncer. La lassitude et l'énervement auront déjà raison de sa disponibilité d'esprit. Ce sera encore pire quand il comprendra qu'une fois arrivé, il lui faut encore marcher parce qu'il n'y a pas d'autre façon de visiter un musée. Même si l'on a évité cet écueil, reste le problème de l'entrée du musée ou de l'exposition : les files d'attente semblent parfois interminables... Dans ce cas, il n'y a hélas rien d'autre à faire que de revenir un autre jour ou de ronger son frein. Mais attention. Au lieu de vous précipiter à l'intérieur, une fois l'entrée passée, prenez le temps de faire un petit détour par la cafétéria pour y reprendre des forces. La visite en sera facilitée.

Ne pas rester trop longtemps au musée (ne pas tenter de « tout voir »).
Quel que soit le type de musée où l'on se trouve, une visite demande toujours un effort de la part d'un enfant. Garder une allure mesurée, ne pas faire de bruit, ne toucher à rien, sont pour lui autant de contraintes (pour les plus jeunes, les grands espaces des salles d'exposition sont d'ailleurs plutôt propices aux glissades et autres galopades). Regarder des tableaux exige aussi de sa part une attention qui sera plus vive si l'on ne tente pas de la prolonger. Il vaut mille fois mieux observer attentivement une seule œuvre cinq minutes que faire du « lèche-vitrine » en traînant

les pieds pendant une heure. Sans aller jusqu'à ces extrémités, n'oubliez jamais qu'au bout d'une demi-heure l'enfant risque d'en avoir assez, et que plus il est jeune, plus le temps de visite doit être réduit. Mieux vaut revenir un autre jour.

Expliquer aux enfants les règles à respecter dans le musée.
Dans tous les lieux d'exposition, les principes de base sont les mêmes. Les œuvres ne doivent pas être touchées ni même approchées de trop près, et les photographies avec flash sont interdites. Pour des enfants, des consignes aussi impératives semblent arbitraires. Il convient donc de leur expliquer que ces mesures visent à garder les peintures en bon état le plus longtemps possible : certaines d'entre elles, très anciennes, qui ont survécu à des guerres, à des incendies, à des inondations, au temps, etc., sont irremplaçables, extrêmement fragiles. Il faut donc en prendre grand soin. Éviter de les toucher, même avec des mains propres, permet d'y limiter le dépôt de micro-organismes (invisibles à l'œil nu) ou de les rayer. Les photos au flash (qui plus est répétées par des centaines de visiteurs) occasionnent une très forte lumière susceptible à la longue de provoquer une forme de brûlure... Pour éliminer les tentations, les appareils photo sont d'ailleurs purement et simplement interdits dans certains musées.

Se mettre à la place des enfants (ou à leur hauteur).
Dans les musées, les tableaux sont disposés en fonction des visiteurs adultes. Si vous vous baissez pour vous mettre à la même hauteur que les enfants, vous vous apercevrez qu'ils ne peuvent pas voir tout à fait la même chose que vous. Tenez-en compte. Cela vous permettra de saisir pourquoi ils s'intéressent à tel détail qui vous paraît secondaire ou qui vous avait échappé : il est à hauteur de leurs yeux.

Utiliser les plans et lire les cartels.
Dans la plupart des musées, des plans sont mis à la disposition du public. Les enfants seront très satisfaits d'apprendre à se repérer eux-mêmes si vous leur en donnez l'occasion. Pour les plus grands, il pourra être intéressant de comprendre comment les œuvres sont présentées au fur et à mesure des salles. L'accrochage est-il chronologique, met-il en évidence un thème, la production d'un artiste ou d'un pays spécifiques, rapproche-t-il des tableaux d'époques et de peintres différents ? Les enfants n'ont pas forcément le réflexe de lire les cartels, ces petites étiquettes informatives qui accompagnent chaque œuvre exposée. On peut les leur indiquer, les aider à y déchiffrer les titres exacts des tableaux, les noms des artistes et leurs dates ainsi que les informations techniques essentielles, comme « huile sur bois », « huile sur toile », etc.

Ne pas hésiter à retourner voir les mêmes œuvres.
Comme les histoires qu'ils aiment entendre cent fois ou les vidéos qu'ils se repassent indéfiniment, les enfants qui ont regardé un tableau ont souvent envie de

le revoir. N'ayez donc pas l'impression de faire du surplace si chaque visite au musée suppose toujours le même parcours. Cela ne durera qu'un temps et, au début, ce rituel est important. Le tableau « chouchou » servira de passeport pour tous les autres... Avec votre aide, l'enfant s'apercevra peu à peu qu'il est possible de voir et de revoir le même tableau en y découvrant chaque fois de nouveaux aspects.

Penser à l'achat des cartes postales après la visite.
Prévoyez assez de temps pour pouvoir acheter des cartes postales. Le choix est parfois long... Souvenir de la visite, elles ont l'immense avantage d'être mobiles : on les arrange comme on veut sur le mur de sa chambre, on les utilise en marque-page, on les égare... et on les retrouve comme de vieilles connaissances. Elles donnent une complète liberté de manipulation à l'enfant, qui les collectionnera ou les éparpillera selon son humeur. Sur le moment, elles procurent le plaisir de choisir de « belles images » puis, au fur et à mesure que le temps passe, elles constituent une manière très simple d'entretenir une familiarité avec la peinture.

Ne pas négliger le goûter ou la pause à la cafétéria du musée.
Une promenade au musée n'est pas complète sans un passage par la cafétéria. C'est comme le cinéma sans pop-corn ou sans esquimau. S'il n'y en a pas dans le musée lui-même, trouvez un endroit aux alentours. Plus les enfants sont jeunes et plus c'est important. C'est cela qui fera de la visite une vraie « sortie »...

Que leur montrer selon leur âge ?

Il est inutile de se fixer des limites dans ce domaine. Toute peinture est susceptible de parler à l'esprit d'un enfant. On pense souvent qu'un petit sera plus sensible à une œuvre abstraite, sous prétexte que celle-ci « ressemble à une peinture d'enfant » ou qu'il est inutile de regarder des œuvres dont il ne connaît pas le sujet...
C'est inexact. Essayez. Vous serez surpris de la perception très fine que les enfants ont d'un tableau. Leur monde quotidien est un monde d'images. Sans le savoir, ils ont assimilé beaucoup de mécanismes visuels, qui sont au fond issus d'une tradition ancienne, celle de la peinture. Prenez appui sur cette réalité sans établir *a priori* de jugement de valeur sur les images qu'ils aiment et celles que, selon vous, ils devraient apprécier...
Les suggestions qui suivent ont pour objet de clarifier certains points afin de vous aider à orienter vos choix de visites. Elles constituent un rappel de ce qui, en général, retient davantage l'attention des enfants, mais ne peuvent en aucun cas passer pour des principes absolus. Dès qu'un enfant est capable de s'intéresser aux livres d'images, il est à même de regarder des peintures et d'y prendre plaisir. Cependant, pour qu'un dialogue productif s'établisse avec lui devant une œuvre, il faut un vocabulaire suffisant, qui s'acquiert en général vers l'âge de cinq ans. C'est donc l'âge de départ choisi dans ce livre.

Les tranches d'âge retenues :
cinq à sept ans ✦, **huit à dix ans** ✶ , **onze à treize (et au-delà)** ✸, ne constituent bien sûr pas des catégories étanches mais des indications, à nuancer selon la maturité de chacun.
À chacun de ces trois niveaux correspond son étoile. Pour un maniement aisé du livre, ces étoiles rythment également les commentaires d'œuvres situés dans la troisième partie : **Savoir regarder une image**.

Les 5 à 7 ans

Ce qui les attire :

• Les couleurs vives et chaudes. Les statistiques montrent que la couleur préférée des petits enfants est le rouge.

• Les formes et les couleurs nettement contrastées, sans nuances. À la limite, ce sont celles des jeux de Lego.

• Ce qui donne l'illusion du relief parce que « cela a l'air réel ».

• Ce qui imite précisément la texture des choses (étoffe, cheveux, fourrure, etc.) qui en appelle au sens du toucher autant qu'au sens de la vue.

• La représentation des personnages : une « dame », un bébé, des animaux, etc. Celle des lieux familiers : la maison, la campagne, un jardin, un village, la plage, etc. Ils aiment donc beaucoup les tableaux impressionnistes.

• Le rendu du mouvement et des attitudes : le personnage court, dort, plonge, tombe, danse, etc.

• La traduction franche des émotions : la tendresse, le rire, la colère, les pleurs, la surprise... dans la peinture de toutes les époques.

• Les compositions simples avec une figure principale et en tout cas peu d'éléments différents.

• Les menus détails. C'est souvent ce qu'ils voient en premier.

Ne pas oublier :

Le rapport à la vie quotidienne.

Ils aiment les images dans lesquelles ils reconnaissent des circonstances, des objets, des faits et gestes qu'ils côtoient ordinairement. Un enfant retrouvera dans telle œuvre l'attitude de sa mère lorsqu'elle se penche en avant pour brosser ses cheveux, celle de son père le nez sur ses papiers à son bureau. Un autre trouvera un air de famille à la couverture rouge de Van Gogh (n° 21), ayant la même à la maison.

Le lien à leur propre corps.

Les plus petits ne se contentent pas, si l'on peut dire, de regarder avec leurs yeux. Leur corps entier participe. Ils miment facilement ce qu'ils voient, incorporant littéralement l'image qu'ils sont très vite capables de décrire avec des gestes. C'est alors qu'ils trouveront les mots correspondant aux idées ou aux sentiments exprimés. Les images ou les sculptures dont le traitement est assez expressif pour favoriser cette approche sont donc les bienvenues.

La dimension de l'imaginaire.
Devant une image, ils inventent facilement leur propre histoire : « Elle pleure sûrement parce que... », « Peut-être qu'avant, il a fait ceci ou cela », etc. Devant un tableau abstrait, ils associent souvent les formes et les couleurs à des objets précis : une tache jaune sera ainsi qualifiée de « soleil » ou de « lune », cependant qu'une forme vague sera baptisée « banane » ou « serpent ». Telle coulure verte qui ne vous inspire vraiment rien sera pour eux un brin d'herbe ou une grenouille qui saute... Tant mieux, c'est leur façon de s'approprier ce qu'ils regardent. Généralement, en leur offrant une belle marge de liberté dans l'interprétation, les œuvres contemporaines (peintures, sculptures, installations) sollicitent largement leur curiosité. Les matériaux les plus humbles ou les plus inattendus (brindilles, morceaux de plastique, débris divers, cailloux...), souvent employés dans l'art d'aujourd'hui, possèdent un pouvoir d'évocation très puissant et fonctionnent comme un tremplin pour le rêve.

Mettre des mots sur les choses.
Quoi qu'ils regardent, il est toujours possible de faire rebondir leur intérêt à l'aide de questions-réponses simples : « Tu ne trouves pas que... ? » ; « À quoi cela fait-il penser ? » ; « Quelle impression cela te donne-t-il ? » ; « As-tu déjà vu des choses qui ressemblent à ça ? » ; « Moi, je crois que... ». On peut les aider à dégager certaines notions comme clair-sombre, lourd-léger, transparent-opaque, épais-mince, précis-vague, qu'ils transposeront plus tard dans d'autres œuvres. C'est un bon début que de les entraîner à bien regarder tout en donnant libre cours à leur imaginaire et en leur montrant peu à peu que chaque image possède une ambiance propre.

Les livres plutôt que le musée.
Les visites de musées sont fatigantes pour les très jeunes. Leur attention se disperse facilement. En revanche, ils adorent regarder des livres, qui présentent l'avantage de créer une sorte d'itinéraire ludique parfois impossible au musée. Ainsi, dans un livre sur Mondrian, figure la reproduction d'un tableau avec du rouge, du jaune et du bleu. Au fil des pages, le rouge disparaît pour revenir tandis que le jaune s'en va à son tour... Et ainsi de suite. Chercher, attendre, perdre, retrouver et perdre encore une couleur, c'est toute une histoire. Couleurs, formes, gestes : cet exemple est déclinable avec n'importe quel livre comportant des photos de peintures ou de sculptures. Feuilleter le livre à deux, voilà ce qui importe au début. C'est tendre comme les histoires qu'on lit aux petits, le soir.Si l'enfant marque une préférence pour une œuvre ou pour un type d'œuvres particulier, il est bien sûr recommandé d'aller la voir « en vrai », pour autant que cela soit possible. Ce sera alors un véritable rendez-vous.

Les 8 à 10 ans *

Ce qui leur plaît :

• Les œuvres très colorées et/ou très contrastées les attirent autant que les plus jeunes.

• Les images qui donnent l'occasion de raconter des histoires, celles décrites par le tableau et/ou celle des peintres.

• Les figures clairement typées : le bon, le méchant, le grand, le faible, le maladroit, etc. Ce n'est pas un hasard si ces caractères sont largement exploités dans les films (dessins animés ou non), dans les bandes dessinées, les jeux vidéo, etc. qu'ils rencontrent.

• Les situations d'affrontement ou de combat, dans la mesure où le bon l'emporte sur le méchant, le petit sur le grand… C'est le scénario de référence.

• Les héros.

• Ce qui fait rire, qui suscite la moquerie.

• Ce qui fait peur.

• Les figures étranges ou monstrueuses.

• L'image de la vie quotidienne à d'autres époques « parce que l'on ne fait plus comme ça aujourd'hui ».

• Rester assez longtemps devant une œuvre pour avoir l'impression d'y entrer. C'est ainsi que les paysages apparaissent souvent comme des « invitations au voyage ». On chemine dans les vallées, on se perd dans une tempête, on affronte des monstres inconnus, on embarque dans un navire… C'est l'espace des grands départs.

Ne pas oublier :

Leurs références visuelles.

Leur univers visuel, dont la qualité esthétique est fort inégale, est peuplé de quantités de personnages de films, de jeux vidéo, de bandes dessinées, la plupart du temps héroïques ou violents. Il faut tirer avantage de ces figures pour analyser les principes qu'elles illustrent, c'est-à-dire en général le Bien et le Mal, par exemple dans des films tels que *Star Wars* ou *Spiderman*… Ces notions sont traitées sous de multiples aspects dans la peinture ou la sculpture, notamment dans les sujets mythologiques et bibliques.

L'attrait des civilisations différentes.

De nombreuses productions destinées aux enfants utilisent ce registre. Pour étoffer le décor, donner du piquant à l'intrigue, les films se passent en Chine ancienne, chez les Incas, en Égypte… C'est un bon point de départ pour s'intéresser ensuite à des œuvres provenant du pays ou de l'époque en question.

La familiarisation avec le musée.
C'est la meilleure tranche d'âge pour commencer. Il y a quelque chose d'excitant dans le fait de se rendre tout exprès quelque part dans le but d'y regarder quelque chose de spécial.

Les informations à découvrir soi-même.
Il est très valorisant pour les enfants de lire eux-mêmes les cartels situés à côté des œuvres exposées et de découvrir le nom des artistes, le titre des œuvres, les dates et autres indications.
La première fois, ils prendront peut-être le numéro d'inventaire pour une date de naissance, mais avec votre aide ils s'en sortiront très vite. C'est pour eux beaucoup plus attractif de trouver ainsi les informations que de vous entendre les énumérer. En outre, cela revient à leur reconnaître une forme d'autonomie, ce qui sera toujours apprécié.

La question du « comment c'est fait ».
Elle soulève beaucoup plus de curiosité qu'auparavant. Les œuvres peintes, sculptées, les assemblages où l'on peut repérer plus facilement des éléments techniques (traces du pinceau ou de la brosse, du ciseau, des doigts, empreintes diverses, coulures, taches, etc.) sont à cet égard séduisantes pour eux. L'école maternelle les a d'ailleurs déjà sensibilisés à ces notions.
C'est une opportunité à saisir pour les habituer à regarder une œuvre en prenant un peu de distance avec le sujet traité. Cela s'applique aux œuvres anciennes aussi bien que contemporaines.C'est le moment où il faut favoriser tout ce qui les éclairera sur la pratique des artistes. Regarder (sans les gêner) travailler les copistes quand il y en a dans les musées, aller visiter les ateliers — quand ils sont accessibles — de gravure, de tissage, de poterie, etc. Observer, même de loin, les chantiers de restauration (architecture, vitraux...).

Les 11 à 13 ans

Ce qui les intéresse :

• La personnalité de l'artiste, les points saillants de son histoire.

• Le pourquoi d'une œuvre, ce qui a mené à sa réalisation à un moment particulier de la vie de l'artiste.

• La manière dont une œuvre est construite, par exemple comment est obtenue l'illusion de la profondeur grâce à la perspective.

• La technique du peintre ou du sculpteur, qui leur permet de traduire visuellement une sensation ou une idée. Par exemple, ce qui donne l'impression du mouvement même si les figures représentées sont immobiles, ce qui évoque la notion d'autorité ou ce qui produit l'harmonie dans un portrait, la façon dont la réalité est stylisée pour obtenir une expression plus intense...

• La durée nécessaire à la réalisation d'une œuvre.

• Les symboles, qui une fois déchiffrés, donnent accès à tout un réseau de significations cachées. Pourquoi a-t-on représenté une colombe dans tel tableau ? Que signifie ici la bougie allumée ?

• La comparaison entre différentes œuvres du même artiste. Les autoportraits fournissent une occasion privilégiée pour cela : voir Rembrandt, Van Gogh, Gauguin... Quel que soit le sujet traité, c'est aussi une façon de repérer ce qui caractérise différentes périodes de la carrière d'un artiste.

• La comparaison entre des œuvres d'artistes différents qui ont traité des sujets identiques ou similaires (jeu des traits communs et des différences).

• Le rapport d'un artiste et/ou d'une œuvre à l'histoire, la façon dont il en dépend. On peut commencer à prendre appui sur les programmes scolaires de littérature ou d'histoire pour étayer les commentaires sur une œuvre, ne serait-ce que pour chercher des parallèles, des concordances.

• Ce que coûte une œuvre.

Ne pas oublier :

Ils commencent à être moins disponibles.

En partie à cause de leur scolarité, devenue nettement plus lourde. Raison de plus pour bien cibler ce que l'on désire partager avec eux, sans leur donner l'impression qu'ils perdent leur temps ou au contraire qu'ils font des heures supplémentaires.

Leur regard est moins spontané.

Ils savent déjà beaucoup de choses et ont tendance à tirer des conclusions hâtives sur ce qu'ils voient (« C'est nul », « C'est mal fait », « Ça ne sert à rien »). Leur affirmer platement qu'ils ont tort bloquera assurément la situation. Il vaut mieux adopter une attitude ouverte (sollicitez leur avis, partagez une information, interrogez-vous, comparez...) qui les mènera en douceur à voir ce qu'ils avaient d'abord négligé ou mieux, à voir tout court.

Certains sujets les embarrassent.
C'est l'âge où les représentations de nu les mettent mal à l'aise. La proportion de ces images étant écrasante dans l'histoire de l'art, il serait absurde et dommage d'éviter le sujet. Dans tous les cas, mettre en avant le sens de l'œuvre sera le meilleur moyen d'atténuer ou de dépasser le problème (la nudité des héros, le rapport symbolique à la vérité, les variations de la mode en matière de proportions, les recherches en anatomie, le rendu plus ou moins réaliste de la peau, etc.).

Les images publicitaires.
Les jeunes les connaissent par cœur. Elles constituent une référence pour eux. Aussi faut-il tirer parti du fait que la publicité utilise souvent l'histoire de la peinture, souligner que ce n'est pas un hasard et ne pas manquer de leur faire repérer les images ainsi détournées. Si telle œuvre (ou un détail) est utilisée dans l'imagerie commerciale, on pourra aller observer l'original s'il est accessible, ou du moins en trouver une reproduction fidèle. Ainsi le dessin utilisé par Manpower (un homme aux proportions parfaites inscrit dans un cercle) est-il emprunté à l'œuvre de Léonard de Vinci. De même, le graphisme de L'Oréal pour la ligne Studio Line dérive-t-il clairement des peintures de Mondrian. Outre ces citations plus ou moins libres, on peut observer comment l'usage des couleurs, le choix des attitudes, dans les publicités, la mode, les reportages, reprennent des éléments symboliques utilisés depuis longtemps dans les peintures...

La raison d'être des œuvres.
Elle devient une question essentielle. Ce qui leur donne envie de regarder quelque chose qui ne les attirait pas forcément, c'est d'y découvrir une démarche, une attitude qui légitime l'œuvre. En ce sens, tout ce qui concerne la personnalité de l'artiste commence à les intéresser. Par exemple, regarder des études de nuages romantiques ne leur paraîtra peut-être pas très excitant. Leur montrer qu'au XIXe siècle c'était une façon de traduire l'instabilité des émotions (les nuages sont des formes qui occultent tous les repères, ils s'accumulent avant l'orage, annoncent la tempête à venir...) captera davantage leur intérêt.

L'histoire des artistes.
L'histoire de l'art étant à la fois trop générale et trop abstraite pour eux, c'est l'histoire des artistes qui les intéresse pour l'instant. D'où l'idée d'aller plutôt voir avec eux des expositions monographiques ou des musées particulièrement riches en œuvres du même artiste, à moins qu'ils ne leur soient même consacrés. La dimension de l'artiste « star » joue ici son rôle.

on a
le droit
de ne pas

tout savoir...

Un jour ou l'autre, on entend claironner par un enfant une question toute simple que l'on n'a jamais osé formuler soi-même. L'ennui, c'est que du coup on se trouve dans l'incapacité de lui répondre... On n'est pourtant pas censé tout savoir, et la plupart des gens se heurtent aux mêmes interrogations, condamnées le plus souvent à rester en suspens. Il est temps de changer tout cela et de reprendre à zéro, en posant tout bonnement ces questions qui n'ont l'air de rien et en tordant le cou à quelques idées reçues... À propos des peintres et des tableaux, de leurs sujets et de leurs raisons d'être, que ce soit au Moyen Âge ou au XXe siècle...

L'articulation des thèmes qui suivent répond à une double volonté :

- Aller du général au particulier : les considérations sur les musées et les tableaux en tant qu'objets (p. 23) précèdent les questions liées au travail des artistes (p. 26) et a fortiori celles qui traitent des sujets de la peinture (p. 36 à 48) ou le prix des tableaux (p. 48).
- Aborder les sujets selon l'ordre où ils se sont développés depuis le Moyen Âge : les thèmes religieux (p. 36) puis les portraits (p. 39), la mythologie et l'histoire (p. 42), les paysages (p. 45), enfin les scènes de la vie quotidienne et la représentation des objets (p. 46).

Une exception a été faite pour la peinture contemporaine (p. 31), qui aurait dû naturellement clore cette partie, ceci afin de traiter d'emblée les questions et problèmes les plus couramment soulevés aujourd'hui.

Les tableaux et le musée

Les tableaux anciens n'ont pas toujours été dans un musée.
Les tableaux tels qu'on les voit au musée ont chacun une longue histoire derrière eux. Aucun n'a été peint à l'origine pour se trouver là. Auparavant, les œuvres ont orné des églises, des palais ou des demeures privées, appartenu à des collectionneurs. On en voyait en général beaucoup moins à la fois et dans un environnement très différent. Si l'on tient compte du fait que l'éclairage électrique n'apparaît qu'à la fin du XIXe siècle, on comprend les effets que produisaient, à la lueur des chandelles, des tableaux à fond d'or ou la façon dont l'intensité des couleurs pouvait attirer le spectateur plongé dans une semi-obscurité...
De nombreuses œuvres contemporaines sont en revanche souvent conçues pour des espaces publics, y compris les musées, comme l'atteste leur format monumental...

« L'inconvénient » des musées d'art ancien, c'est qu'on y voit beaucoup de tableaux religieux...
Il est compréhensible que la grande proportion de sujets religieux rebute d'innombrables visiteurs : pourquoi s'attarder devant des images dont le contenu ne correspond pas à leurs propres convictions ? Pourtant, c'est en utilisant la peinture pour diffuser son message que l'Église chrétienne, dès le Moyen Âge, a donné aux peintres la possibilité d'élaborer un langage visuel efficace : disposition significative des éléments d'une œuvre, choix et articulation des couleurs, maniement symbolique de la lumière et de l'ombre, ont été mis au point à l'origine pour et dans les œuvres religieuses. Tout cela perdure dans les images actuelles de toute nature, exactement comme la construction des phrases dans un texte. Éviter les tableaux religieux à cause de leur sujet revient à se priver de l'accès à un langage qui nourrit aujourd'hui jusqu'aux images publicitaires.

Avec quoi les tableaux sont-ils faits ?
Les deux composants essentiels d'un tableau sont le support (bois ou toile) et la peinture proprement dite. Les tableaux les plus anciens sont peints sur du bois (en général du peuplier ou du chêne). Dès le XVe siècle et plus généralement à partir du XVIIe siècle, on a utilisé la toile, qui permettait d'obtenir des œuvres plus légères, plus faciles à conserver (moins sensibles aux variations du climat) et à transporter (on roule la toile). La peinture elle-même est composée de pigments (poudres de couleurs) et d'un liant ou médium (on parle de peinture *a tempera* ou *à l'huile*) : jusqu'au XVIIIe siècle, on s'est servi de pigments naturels. Ensuite sont intervenus les pigments chimiques, qui ont démultiplié les tons disponibles. Dans la peinture *a tempera*, le liant est à base de colle ou d'œuf. À partir du XVe siècle s'est diffusée la peinture *à l'huile*, plus transparente et de consistance plus fluide. Jusqu'au XIXe siècle au moins, les couleurs étaient posées sur une couche d'enduit (blanc ou ocre) et recouvertes d'un vernis protecteur. Les peintres contemporains utilisent souvent des couleurs acryliques.

Que signifie l'expression «technique mixte» ?
Elle indique que l'artiste a mélangé les matériaux (peinture à l'huile, acrylique, vernis, laques, etc.). Outre la peinture proprement dite, il a pu aussi utiliser des éléments étrangers à la technique traditionnelle (objets divers, étoffes, papiers, sable, bois, verre...).

Quel type d'images peut-on voir dans un musée en dehors des peintures ?
Les œuvres sur papier, dessins, gravures, pastels mais aussi les photographies font partie des collections exposées dans les musées ou les manifestations temporaires. Les dessins sont souvent des études ou des esquisses préparatoires, réalisées à un stade plus ou moins avancé de la conception d'une peinture. Ils constituent parfois des œuvres autonomes. En raison de leur fragilité, ces différents types d'œuvres sont présentés avec un éclairage nettement plus bas que les peintures, et durant des périodes souvent moins longues.

Appelle-t-on «fresques» toutes les peintures murales ?
Non. Le terme de fresque désigne une technique particulière qui suppose l'application des couleurs sur un enduit *frais* (en italien *fresco*, qui a donné le mot «fresque»). Au cours du séchage, il se produit une réaction chimique qui garantit la solidité de la peinture, comme emprisonnée par cet enduit. Une peinture murale simple est posée à sec sur l'enduit. Elle peut même avoir été réalisée sur une toile que l'on a ensuite *marouflée* (collée) sur la paroi ou au plafond...

Comment se fait-il que l'on voie dans un musée des peintures murales ou des fresques ?
Ces peintures, à l'origine effectivement peintes sur les murs d'un palais, d'un couvent ou d'une église, peuvent avoir été transférées dans un musée. Pour cela on a dû détacher la couche de peinture du support sur lequel elle se trouvait parce qu'il était endommagé. Aujourd'hui, on a toujours recours à cette pratique mais on essaie le plus possible de conserver les œuvres là où elles ont été peintes, quitte à les déplacer un peu pour leur assurer une meilleure conservation.
On parle à ce propos d'une peinture *déposée*.

Pourquoi certains tableaux sont-ils signés et d'autres non ?
Cela dépend en premier lieu de l'époque à laquelle ils ont été peints. Pendant longtemps, le sujet du tableau et sa destination ont compté davantage que son auteur. Les peintres du Moyen Âge ne signaient pas leurs œuvres car ils étaient considérés comme des artisans (au même titre que des boulangers ou des pharmaciens) qui appliquaient simplement un savoir-faire technique.
À partir de la Renaissance, au XVe siècle, la notion d'individu se développant, on a davantage considéré l'aspect intellectuel de la peinture, et les peintres ont commencé à signer plus fréquemment leurs tableaux, sans que cela devienne

encore systématique. Il faut attendre le XIXe siècle pour que la pratique se généralise. La signature est parfois accompagnée de la date à laquelle le tableau a été peint (le lieu peut-être précisé aussi).
Aujourd'hui, certaines œuvres ne sont, de nouveau, plus signées, ou pas de façon visible. Cela correspond autant à un choix esthétique (la signature perturbant l'image) qu'à une volonté d'effacer le « romantisme » inhérent à l'individualité affichée de l'auteur.

Pourquoi les tableaux anciens sont-ils souvent sombres ?
Certains tableaux ont été délibérément peints dans ces tonalités. Au XVIIe siècle, par exemple, les représentations de scènes nocturnes avaient beaucoup de succès. De façon plus générale, l'assombrissement est dû au vieillissement du vernis qui recouvre la peinture. Avec le temps, ce dernier devient plus jaune et même brun. Aujourd'hui, on améliore de façon extraordinaire la lisibilité du tableau en allégeant avec précaution ces vernis (on en retire une épaisseur plus ou moins importante). Il arrive aussi que certaines œuvres, exposées longtemps à la fumée des cierges et des chandelles, se soient peu à peu encrassées. Là aussi, un nettoyage est possible. Lorsque la qualité des couleurs d'origine est en cause, il n'y a en revanche pas de remède.

Repeint-on les tableaux détériorés ?
Non, on ne les repeint pas mais on peut les restaurer. Cela signifie qu'on les nettoie, que l'on refixe la couche picturale (quand les couleurs se détachent du support et se soulèvent) ou que l'on consolide le support. Si l'image souffre d'une lacune (un endroit où la peinture a complètement disparu), on peint la zone concernée avec un ton moyen (proche des couleurs voisines) à l'aide de petites touches parallèles. Ces touches doivent être repérables à l'œil nu. De cette façon, on rend le tableau, même très endommagé, plus agréable à regarder mais sans tricher. La restauration obéit à trois règles strictes : elle doit être lisible (on ne doit pas pouvoir la confondre avec les parties originales), réversible (on doit toujours pouvoir retirer ce qui a été utilisé pour la restauration sans dommage pour l'œuvre) et elle doit faire intervenir des matériaux stables (on doit éviter le risque que les produits employés puissent évoluer en contaminant le tableau).

Pourquoi certains tableaux sont-ils protégés par une vitre et d'autres non ?
Le degré de fragilité des œuvres est inégal. La vitre réduit l'exposition à la poussière et les risques de contact en tout genre. Les tableaux, surtout les plus célèbres, sont des cibles pour le vandalisme. Au cours de l'histoire, beaucoup de peintures ont été attaquées (comme la *Danaé* de Rembrandt, Ermitage, Saint-Pétersbourg, victime d'un jet d'acide ou la *Vénus au miroir* de Vélasquez, National Gallery, Londres, de lacérations), sous divers prétextes idéologiques ou moraux. On fait donc le maximum pour les mettre à l'abri.

Peut-il arriver que des tableaux soient volés dans un musée ?
Cela se produit. Certaines œuvres sont retrouvées plus ou moins vite, d'autres jamais. Le vol le plus célèbre fut celui de *La Joconde*, qui eut lieu au musée du Louvre le 21 août 1911. Il fallut deux ans pour la récupérer. L'auteur du vol, un Italien, avait imaginé de restituer le tableau à son pays d'origine, croyant qu'il y avait été dérobé pendant les campagnes d'Italie de Napoléon... Depuis cette époque, les conditions de sécurité ont été grandement renforcées dans tous les musées.

Qui choisit les cadres des tableaux anciens ?
Parfois, le cadre est d'origine, c'est-à-dire que, choisi par le commanditaire ou le peintre, il n'a jamais été changé depuis la réalisation de la peinture elle-même, mais c'est une circonstance assez rare. Il peut aussi avoir été posé par un propriétaire ancien, plus ou moins éloigné dans le temps et dont le choix revêt un intérêt historique. Plus généralement, ce sont les conservateurs responsables des collections du musée qui gèrent cette question.

Pourquoi certains tableaux présentés dans les musées ne sont-ils pas complets ?
De nombreuses œuvres du Moyen Âge et de la Renaissance étaient des peintures à éléments multiples : des diptyques (à deux volets), des triptyques (un panneau central et deux volets latéraux), des polyptyques (à plusieurs panneaux). Parfois, certains éléments étaient endommagés et on ne les a pas conservés. Mais bien souvent, ces peintures ont été démembrées dans les siècles passés, car les éléments dispersés, de format plus petit, se vendaient plus facilement auprès des particuliers. Certaines toiles ont été découpées pour les mêmes raisons. Ainsi, aujourd'hui, des musées de pays différents possèdent parfois des fragments d'une même œuvre. L'adaptation d'une peinture aux goûts d'une époque (on découpait un tableau rectangulaire pour en faire un ovale, plus à la mode) ou aux nécessités pratiques du moment (on voulait ajuster la toile ou la fresque aux dimensions d'un emplacement) a été également un facteur déterminant pour le changement de format ou de taille de bien des œuvres.

Dit-on *une* œuvre ou *un* œuvre ?
On utilise le mot *œuvre* au féminin dans tous les cas où l'on parle d'une chose isolée, sculpture, peinture, dessin, etc. Mais l'on doit employer ce mot au masculin pour désigner l'ensemble des productions d'un artiste. On dira ainsi : *La Joconde* est *une œuvre* célèbre, elle fait partie de l'*œuvre peint* de Léonard de Vinci.

Les peintres

Qu'est-ce qui fait qu'un peintre est un « grand peintre » ?
Un « grand peintre » change le regard des autres, aussi bien celui des artistes que celui du public. Après lui, on ne peut plus peindre comme on le faisait auparavant.

Il s'inscrit dans l'histoire de l'art parce que son travail transmet une vision du monde à la fois profondément originale, novatrice et capable de toucher le plus grand nombre. Ses œuvres sont enracinées dans leur époque mais résistent, du moins à long terme, aux changements de la mode. Un « grand peintre » en influence beaucoup d'autres, il s'impose comme modèle tout en étant lui-même inimitable. Léonard de Vinci a inventé le clair-obscur (n° 6), Caravage a radicalisé les scènes nocturnes le premier (n° 10), Patinir a développé le paysage (n° 7), Degas s'est intéressé à l'expressivité des corps (n° 20)...

Comment les peintres apprenaient-ils (apprennent-ils) leur métier ?
Au Moyen Âge ou à la Renaissance, l'apprentissage débutait très tôt. Vers l'âge de dix ans, on entrait dans l'atelier d'un peintre reconnu. Il fallait apprendre d'abord tout ce qui concernait la préparation des couleurs (comment broyer les pierres pour obtenir les pigments, les diluer, etc.) avant d'aborder le dessin puis la peinture. Cela exigeait plusieurs années pendant lesquelles l'élève servait aussi d'assistant puis éventuellement de collaborateur. Il devenait lui-même un maître lorsqu'il était jugé capable de recevoir et d'assurer personnellement des commandes. Il était alors apte à travailler en son nom, à ouvrir son propre atelier dans lequel se formeraient à leur tour de futurs peintres. Ce système explique pourquoi, dans les siècles passés, on était peintre de père en fils (ou, plus rarement, de père en fille).
À partir du XVIIe siècle, des académies (regroupements d'artistes pour organiser et dispenser un enseignement à la fois théorique et pratique) puis des écoles ont peu à peu été mises en place. Elles sont à l'origine des écoles des Beaux-Arts actuelles, qui sont fréquentées par les jeunes artistes.

Faut-il qu'un peintre soit mort pour être célèbre ?
C'est une idée courante, née de la fréquentation des musées d'art ancien. Elle donne l'impression d'une équivalence : peintre connu = peintre mort. C'est heureusement inexact ; les musées d'art contemporain, les galeries, sont là pour le prouver...
La plupart des peintres dont on voit les œuvres dans les musées ont été admirés et célèbres de leur vivant. Il est vrai que le recul du temps aide à mettre en perspective l'œuvre d'un artiste et permet d'évaluer plus précisément l'impact qu'il a eu sur l'histoire de la peinture. La célébrité d'un peintre est donc d'autant plus stable qu'elle est établie depuis longtemps.

Les peintres célèbres aujourd'hui l'ont-ils toujours été ?
Il arrive que l'appréciation portée sur un artiste change au cours des siècles. L'évolution du goût, la dispersion ou la destruction partielle de son œuvre peuvent provoquer une certaine désaffection. Ainsi Vermeer (n° 15) et Georges de La Tour (n° 11), tous deux peintres du XVIIe siècle, ont-ils été respectivement « redécouverts » par les historiens d'art aux XIXe et XXe siècles, après une longue période d'oubli. Ceci ne fut qu'une parenthèse dans l'histoire de leur œuvre, puisqu'on sait aujourd'hui

que ces peintres avaient été très appréciés de leur vivant... À l'inverse, Van Gogh (n° 21) — complètement inconnu sa vie durant — est devenu célèbre par la suite. La nouveauté de son travail, difficile à accepter par ses contemporains, correspondait davantage à la sensibilité du siècle suivant...

Pourquoi y a-t-il beaucoup de peintres anonymes ?

Si l'on excepte l'Antiquité gréco-romaine (pour laquelle on connaît grâce aux textes des noms d'artistes et des descriptions d'œuvres alors que les peintures ont presque toutes disparu), la volonté de consigner par écrit des informations sur la vie et l'œuvre d'un peintre est relativement récente ; elle ne remonte, pour l'Italie, qu'au XVIe siècle. Auparavant, on ne retenait que les noms des artistes les plus en vue. Le problème de l'identification des peintres et de l'attribution des tableaux est d'autant plus épineux que les œuvres étaient alors rarement signées. Certains artistes ont été peu à peu identifiés grâce aux recoupements effectués entre des œuvres de style identique, à des documents d'archives (inventaires, registres de paiements, actes notariés) et parfois grâce à au moins une œuvre signée... Cependant des sources documentaires ayant été détruites ou perdues au fil du temps, cela reste souvent impossible sauf à découvrir de nouveaux indices.

Pourquoi n'y a-t-il pas beaucoup de femmes peintres ?

Il y en a beaucoup aujourd'hui, mais la situation était différente dans le passé étant donné la place réservée en général aux femmes dans la société. Pour elles, la possibilité d'exercer un métier — à plus forte raison celui de peintre — ne s'est développée qu'au XXe siècle. L'histoire compte malgré tout un nombre non négligeable de femmes peintres : Sophonisbe Anguissola,1530-1625 ; Lavinia Fontana,1552-1614 ; Artémisia Gentileschi,1597-1651 ; Élisabeth Vigée-Lebrun,1755-1842 ; Mary Cassatt ,1844-1926...

Certaines ont été presque oubliées ou n'ont pas été identifiées, leur production se confondant avec celle de l'atelier où elles travaillaient. Religieuses au Moyen Âge, filles de peintres par la suite, elles ne peignaient pas souvent pour leur propre compte. Dès le XVIIe siècle, certaines ont cependant accédé à une grande notoriété de leur vivant. Elles exercèrent leur talent essentiellement dans le domaine du portrait et de la nature morte, car il leur était interdit d'étudier le modèle nu. À quelques belles exceptions près, les sujets d'histoire, la peinture mythologique ou religieuse sont donc restés hors de leur portée. Désormais, les femmes peintres font l'objet de nombreuses études, initiées il y a un peu plus d'une trentaine d'années par des historiennes américaines.

Le peintre choisissait-il (choisit-il) lui-même ses sujets ?

Jusqu'à la fin du XVIIIe siècle, un peintre travaillait sur commande. Un accord contractuel écrit était passé entre un commanditaire et le peintre de son choix. Le sujet, sauf exception, était donc déterminé par le commanditaire qui spécifiait ses exigences. On a retrouvé des contrats du XVe siècle qui précisent exactement ce qui doit figurer dans le tableau commandé : nombre de personnages, éléments de décor, couleurs à employer (et même dans quelles proportions). Naturellement, le délai de livraison est prévu ainsi que, parfois, les interventions ultérieures du peintre si besoin est (sorte de service après-vente). Le système de la commande a perduré, notamment en ce qui concerne les tableaux officiels (commandes religieuses, royales ou d'État) mais il a peu à peu cessé d'être exclusif. Dans certains cas, au XVIIe siècle (n° 10, n° 14) et surtout au début du XIXe siècle, c'est-à-dire à l'époque romantique, l'artiste a commencé à choisir les sujets de ses tableaux. Aussi lui fallait-il dans un deuxième temps trouver des clients susceptibles de les apprécier puis de les acheter.

Est-il vrai que les peintres anciens ne peignaient pas que des tableaux ?

Au Moyen Âge, en tant qu'artisans, les peintres effectuaient toutes sortes de travaux nécessitant l'application de couleurs sur un support. On leur commandait donc des tableaux mais aussi l'ornementation de meubles, des pieux pour les tournois, des étendards, des bannières, des couvertures de registres en bois... À partir de la Renaissance (XVe et XVIe siècle), la situation a évolué mais de nombreux artistes, outre leurs tableaux, ont fourni des dessins et des projets pour des décors de processions ou d'entrées triomphales, des ordonnancements de fêtes et de spectacles, des modèles de pièces d'orfèvrerie...

Est-il souvent arrivé qu'un peintre soit en désaccord avec son commanditaire ?

C'est arrivé régulièrement. Les problèmes de dépassement des délais ou de non-respect des consignes de représentation étaient fréquents. L'histoire regorge de tableaux livrés avec des années de retard voire jamais (n° 6), de conflits touchant des figures que l'on juge selon les cas trop grandes, trop nombreuses, mal distribuées dans l'espace de l'image ou non conformes aux règles de décence de l'époque. Parfois, le peintre modifiait l'œuvre dans le sens souhaité. Un tableau refusé par le commanditaire pouvait aussi être acquis par un amateur qui le trouvait à son goût. Dans certains cas, l'affaire était soumise à l'appréciation d'un comité (groupe d'artistes et de notables) ou portée devant les tribunaux.

Quelle est la différence entre un commanditaire et un mécène ?

Le commanditaire est le client pour lequel travaille l'artiste, que ce soit de façon ponctuelle ou répétée. Leurs relations financières sont déterminées par le prix de l'œuvre commandée et livrée. Il peut s'agir d'un meuble ou d'un édifice, d'un opéra ou d'un jardin... La peinture représente un cas parmi d'autres. Le terme de mécène suppose l'existence d'un lien plus spécifique : il suggère le soutien matériel apporté à la carrière d'un peintre ou à un genre artistique. La Renaissance a vu s'épanouir ce genre de démarche, rarement dictée par le seul amour de l'art : les œuvres, témoignant de la générosité et de l'ouverture d'esprit du mécène, confèrent à celui-ci une forme particulière de renommée. Au XXe siècle, dans le même esprit, le monde des affaires a pris le relais : les compagnies industrielles, les banques développent un mécénat important, en permettant le montage d'expositions onéreuses, en finançant des restaurations, en commandant des œuvres, en instaurant des concours et des prix destinés à encourager la jeune création.

Comment un peintre pouvait-il (peut-il) « s'exprimer » en travaillant sur commande ?

Une idée répandue veut qu'un peintre crée son tableau sous le coup de l'inspiration, laissant librement parler sa sensibilité et son imagination (cette approche est plus spécifiquement contemporaine). Cette vision à la fois romantique et réductrice est inconciliable avec les réalités contraignantes de la commande qui ont régi la production des tableaux pendant des siècles. Un peintre ne « s'exprime » pas uniquement parce qu'il illustre ses propres états d'âme, il le fait quel que soit son sujet. Sa créativité ne réside pas dans la faculté de trouver un sujet, mais dans la manière de le traduire. Personne d'autre que lui ne peut concevoir et mettre en place un système de formes capable de traduire visuellement une signification.

Comment les peintres faisaient-ils connaître leur travail ?

Lorsqu'un peintre, talentueux, travaillait dans l'atelier d'un maître, il bénéficiait vite du réseau de clientèle de ce dernier. Ensuite, ses œuvres — visibles dans les églises, les couvents ou les palais — assuraient sa réputation, qui se propageait de bouche à oreille. Les expositions au sens moderne du mot sont apparues dans le sillage des diverses académies (à partir du XVIIe siècle), qui entendaient montrer les travaux de leurs membres. D'abord soumis à l'approbation de jurys, les artistes choisirent d'exposer avec moins de contraintes en se libérant peu à peu du joug de l'institution. Dès la fin du XIXe siècle, les manifestations et salons libres se multiplièrent ; ce fut le début des galeries privées, à la fois lieu d'exposition et de vente.

Est-ce que les peintres ont écrit pour expliquer leurs tableaux ?
Ont-ils vraiment « pensé à tout ça » ?

Pour beaucoup, un texte émanant du peintre pourrait lui seul justifier l'image. Cela sous-entend qu'une peinture se trouverait toujours dans la dépendance de l'écrit. Ce qui est faux. La peinture est un langage en soi. On n'attend guère d'un musicien qu'il accompagne une sonate de mots explicatifs, pourquoi l'auteur d'une peinture devrait-il le faire ? Ce que le peintre met en œuvre est une pensée visuelle. Il n'illustre pas des idées, il les matérialise. Les artistes qui ont écrit sur leur œuvre, comme certains peintres abstraits, n'ont pas vraiment expliqué leurs tableaux ; ils ont plutôt explicité leur démarche, exprimé des réflexions d'ordre général. Cette question soulève aussi celle de la légitimité des discours des historiens de l'art. Or la spécificité de leur travail, qui nourrit celui des critiques d'art, consiste justement à déchiffrer le « texte » que constitue une image. En ce sens, leur propos doit bien entendu se fonder sur de nombreux éléments, liés à l'histoire, à l'histoire de l'art, à celle du peintre, etc.

La peinture du XXe siècle

Qu'est-ce qu'un tableau abstrait ?

On dit qu'un tableau est abstrait lorsqu'il n'imite pas la réalité visible. Il ne reproduit ni objets, ni personnages, ni lieux, qu'ils soient réels ou imaginaires. Son apparence résulte d'un agencement de formes et de couleurs. Un tableau abstrait ne «représente» pas quelque chose, il se «présente» lui-même. Pour de nombreux artistes, l'opposition conventionnelle entre «abstrait» et «figuratif» ou «abstraction» et «figuration» n'est pourtant pas radicale : l'image, née d'un contact avec une réalité quelle qu'elle soit (visuelle, émotionnelle, sensorielle...), garde en elle cette réalité même si elle ne l'illustre pas de façon «photographique». Il est fréquent de voir dans le même tableau des zones «abstraites» près d'autres éléments tout à fait figuratifs comme les «flaques» de peinture aux pieds d'Isabel Rawsthorne de Francis Bacon (n° 29). En revanche, pour d'autres peintres, la distinction entre les deux revêt un caractère absolu. La première œuvre abstraite fut une aquarelle, réalisée vers 1910 par le peintre russe Vassily Kandinsky (1866-1944). Elle est conservée au musée national d'Art moderne, à Paris. Plus largement, on parlera de motifs abstraits à propos de formes sans rapport avec la nature, dans l'art islamique par exemple ou pour toute autre forme d'art ornemental répondant aux mêmes conditions.

Qu'est-ce qu'un «monochrome» ?

C'est un tableau abstrait peint avec une seule couleur. Le peintre russe Casimir Malevitch (1878-1935) est l'initiateur de ce type de peinture, avec un tableau de 1918 intitulé *Carré blanc sur fond blanc*, conservé au Museum of Modern Art de New York. La monochromie ne constitue pas un but en soi, mais le moyen adapté à un certain type de discours qui confronte le spectateur, comme l'a d'abord été le peintre, aux limites de la représentation. Selon les époques et les artistes, un tableau monochrome peut signifier les notions les plus diverses, depuis l'affirmation de la matérialité opaque du tableau jusqu'à la suggestion du vide infini du cosmos. Forcément ambigu, il repose sur le va-et-vient entre l'idée de l'anéantissement de la peinture et celle de sa première émergence (n° 27).

Pourquoi les tableaux contemporains sont-ils souvent accrochés sans cadre ?

L'abandon des cadres dorés (remplacés par des bandeaux blancs ou colorés), par des artistes comme Van Gogh, Seurat ou Pissarro à la fin du XIXe siècle, avait déjà montré une volonté de démocratiser le tableau et de le distinguer du décor bourgeois, élégant, auquel on l'associait. Résolument moderne, la peinture se défaisait de ses vieux ornements... En supprimant complètement le cadre, certains artistes du XXe siècle mettent encore davantage l'accent sur l'autonomie du tableau : rien d'extérieur à lui-même ne doit le limiter. En outre, une grande part de la peinture au XXe siècle insiste sur le processus plus que sur le résultat du travail du peintre. L'absence du cadre concourt à donner le sentiment que l'œuvre est non pas inachevée, mais fondamentalement impossible à conclure. Le tableau n'apparaît plus comme un objet isolé, circonscrit, mais comme un espace ouvert.

Pourquoi y a-t-il parfois un décalage entre le titre et ce que l'on voit sur le tableau ?

L'habitude des titres précis donnés aux peintures anciennes, par les artistes ou dans les inventaires, rend souvent incompréhensibles ceux de nombreux tableaux du XXe siècle. Cela ne relève pas d'une désinvolture vis-à-vis du spectateur.
Un titre peut en effet être déterminé par autre chose que la nécessité d'identifier les composantes d'une image : rappeler l'origine du tableau (quelque chose ou quelqu'un qui l'aurait motivé au départ), susciter une interrogation sur ce qu'il convient d'y voir, suggérer un état d'esprit, fournir un écho poétique ou humoristique à l'image... Dans bien des cas, il fait partie de l'œuvre autant que la représentation. Il ne la définit pas, il l'accompagne.

Pourquoi beaucoup de tableaux sont-ils « sans titre » ?

L'image sans titre est envisagée comme devant être assez parlante, assez forte pour se passer d'étiquette. Pour certains peintres, nommer le tableau risquerait même d'en réduire la signification. L'absence de mots pour qualifier l'image renvoie à la notion de regard direct, sans médiation d'aucune sorte. Se libérant d'un titre, le tableau se défait du même coup de tout reste d'obligation à s'y conformer. L'image ne correspond pas à des mots, elle n'en contrarie pas non plus le sens ; en fait, elle choisit de les ignorer ou mieux, elle prend leur place. D'une certaine manière, elle s'apparente ainsi à un élément naturel : on n'attend pas d'une montagne qu'elle soit intitulée « montagne »... Un titre apparaît souvent, pour cette raison, comme un ajout artificiel et inutile, une lourdeur. Le titre a aussi la fonction utilitaire d'aider à répertorier les œuvres. Appeler un tableau « sans titre » est donc un subterfuge pour le titrer quand même tout en réduisant le titre à sa fonction première. Comme en musique — concerto n° 1, n° 2, etc. —, il existe des séries « sans titre n° 1, n° 2, etc. », qui invitent le spectateur à appréhender l'ensemble d'une démarche artistique.

Pourquoi de nombreux peintres font-ils « toujours la même chose » ?

Une idée répandue veut que ce soit là une façon d'« exploiter un filon » sur le plan commercial tout en dissimulant une impuissance à évoluer. C'est possible. Mais cette idée occulte deux réalités. En premier lieu, les artistes sont des êtres humains qui, chaque jour, doivent manger. Renoir lui-même avouait que s'il n'avait fait autant de jolies petites natures mortes en série, il serait mort de faim. La demande des acheteurs peut donc largement influer sur la production en contraignant un peintre à se « répéter ». À moins de bénéficier des avantages d'une fortune personnelle ou d'être un saint, il est sans doute terriblement difficile de résister à cette facilité. Le reproche de la répétition est, en second lieu, le plus souvent infondé. Si de nombreux artistes choisissent un répertoire limité, c'est pour en explorer les plus infimes nuances. Il ne s'agit pas alors de redite, mais au contraire d'un art exigeant et subtil de la variation. Dans une société régie par le flux et le reflux des modes, par l'obligation du changement perpétuel et de la nouveauté (comme si la nouveauté était une valeur en soi), l'artiste qui travaille sur une ligne unique fait preuve d'une indépendance enviable. Il possède la liberté fascinante de celui qui a inventé son propre monde et qui y découvre des profondeurs insoupçonnables pour autrui (n° 27).

Comment savoir si les œuvres qu'on voit «veulent vraiment dire quelque chose» ?
C'est une question que l'on ne pose pas devant une œuvre ancienne. La lisibilité du sujet et les qualités techniques du peintre fournissent des repères suffisamment rassurants : un tableau de Vermeer (n° 15) constitue à lui seul par exemple un indice éloquent de la valeur du peintre. S'il en va différemment pour la majorité des œuvres contemporaines, c'est qu'un tableau aujourd'hui se donne rarement pour une somme achevée. Il est une étape, un moment, comme un mot au milieu d'un livre ou une pierre dans l'épaisseur d'une muraille... Pour apparaître pleinement significatif, il a besoin d'être replacé dans son contexte, l'itinéraire du peintre, la trajectoire qui, sur des années, fonde sa pertinence au regard de l'histoire. La démarche n'est pas toujours aisée pour le spectateur, mais les expositions temporaires et les livres offrent un atout précieux. Au moins peut-on garder à l'esprit que ce que l'on voit, ici et maintenant, n'est le plus souvent qu'un petit épisode dans un long processus (n° 24, 26, 27)...

Pourquoi beaucoup d'œuvres ressemblent-elles à «des débris en tout genre» ?
Né sur fond de société de consommation, l'art d'aujourd'hui prend acte de ses retombées. Le déchet y est donc omniprésent. Plus profondément, les principes de représentation du monde ont été bouleversés après 1945, c'est-à-dire, entre autres, après l'explosion de la bombe atomique. Depuis Hiroshima, le monde a entrevu sa propre disparition. L'image ne veut pas seulement évoquer le déchet, mais aussi le débris, la trace et donc la mémoire. Avec une allure de vestige archéologique (comme un chantier de fouilles pour plus tard), elle témoigne d'un monde brisé, elle récolte les morceaux, elle les collectionne. Elle se fait commentaire concret sur l'histoire. Grâce à son apparente pauvreté, cette peinture impose l'idée qu'aucun détail n'est indigne du regard, que la moindre déchirure, la plus faible épaisseur de poussière, une salissure, valent la peine d'être approchées comme si c'était la dernière (ou la première) fois.

C'est «mal fait», «mal dessiné».
Ce type de jugement repose sur un malentendu. On attend de l'art d'aujourd'hui qu'il témoigne des mêmes qualités techniques que l'art ancien et surtout qu'il les utilise de la même manière. C'est à peu près la même chose que regarder une femme en jeans en espérant qu'elle ait la silhouette d'une marquise en crinoline... L'apparente maladresse d'une peinture, son aspect «sale», le caractère approximatif

d'un tracé, l'absence de modelé, de proportions, la brutalité ou l'hésitation qui y sont perceptibles ne sont pas la preuve de l'ignorance du peintre mais s'expliquent par la nature du propos qu'il entend transmettre. L'image n'est pas de l'ordre du récit ou de l'imitation, elle fonctionne sur des équivalences. Le désarroi, la solitude ou l'innocence, le flou de la mémoire ou la jubilation n'y sont pas «joués» comme au théâtre, mais transmis directement par l'expressivité et le mouvement des formes et de la couleur (n° 28)...

«Ce n'est pas fini.»
Le peintre est le seul à pouvoir décider si son œuvre est terminée ou non. Personne ne saurait en bon droit intervenir à ce niveau. Le fait que l'on ne comprenne pas pourquoi il s'est arrêté à un certain stade est une chose. Sa motivation en est une autre. Quant à l'exigence du «fini» en peinture, ce n'est pas une loi naturelle, mais une notion liée à l'histoire. Trouver qu'un tableau contemporain n'a pas l'air terminé vient du fait que l'on s'appuie sur des critères qui ne sont plus valides aujourd'hui. L'apparence d'inachèvement est souvent délibérée, signalant que l'œuvre continuera ailleurs, qu'elle ne s'interrompt que momentanément... Elle avoue son insatisfaction en même temps que la permanence de son élan (n° 30).

«Un enfant pourrait le faire.»
Certes, un enfant réalisera une image qui s'apparente à certaines peintures accrochées dans les musées. Mais cet enfant n'a pas le recul de la pensée qui mène à concevoir une œuvre. Il peint ou dessine spontanément (comme il chante ou danse...), tandis que l'artiste élabore consciemment une image. L'une des plus grandes difficultés du peintre est de travailler en utilisant toutes les ressources de l'expérience, de la maturité visuelle et émotionnelle, sans perdre les qualités de l'enfance. Ce qu'il recherche ne tient pas au charme d'une naïveté perdue, mais à la puissance et à l'intégrité absolues des premières émotions qu'il est capable de retransmettre.

«C'est n'importe quoi.»
Qu'on se sente privé de repères devant une œuvre ne signifie pas qu'elle en soit vide. Peut-être n'a-t-on pas encore pu les déchiffrer ? Affirmer que «c'est n'importe quoi» revient à condamner quelque chose dont on ignore simplement le sens. Dans un autre registre, on admet que quelqu'un qui parle une langue dont on ne connaît pas le premier mot ne dit pas «n'importe quoi». Le problème réside dans la nécessité d'une traduction... L'image aussi constitue un langage dont il est plus sage d'admettre parfois que l'on ne connaît pas (encore) la traduction (n° 26).

«Tout le monde peut en faire autant.»
Non. La preuve : tout le monde ne le fait pas. Pourtant, devant une toile vide, quelques traces de couleurs, un trait unique sur un tableau, cette réaction est bien compréhensible. Techniquement, «tout le monde» peut en effet, sans difficultés

insurmontables, réaliser un monochrome par exemple. Mais ce qui, intellectuellement, a permis d'arriver à vouloir un tel tableau reste le privilège de quelques-uns. De nombreuses années sont la plupart du temps nécessaires à un artiste pour s'autoriser un tel type d'œuvre en ayant le courage de s'exposer à l'incompréhension du public. Imiter son travail ne suppose pas qu'on le comprenne et ne relève pas de la création. Ce que l'on valorise est justement cette création, ce qui fait qu'à une époque et en un lieu donnés, quelqu'un a mûri puis réalisé une telle œuvre. Il y a un abîme entre faire de la peinture et être peintre. Réaliser un tableau ne suffit pas à faire de quelqu'un un peintre. Il faut encore que ce soit un mode d'existence, un espace d'échange avec le monde. Cela suppose un choix de vie qui ne saurait être, de toute évidence, celui de tout le monde.

« Le peintre se moque du monde. »

Un artiste, comme tout le monde d'ailleurs, a en général autre chose à faire... Ce qui demeure c'est qu'il exerce sa liberté créative d'une façon qui agace parfois le spectateur. La sensation d'être floué résulte des attentes frustrées d'un public ayant *a priori* une idée précise de ce que l'œuvre est censée lui apporter... Pourtant, le spectateur qui se sent victime d'une supercherie omet un détail important : il ne saurait être pris pour cible puisque rien ne l'oblige à regarder une œuvre et encore moins à l'apprécier. Un tableau ne s'impose à personne, il propose ce qu'il est. Et en termes de statistiques, il est hautement probable que les artistes et les œuvres sont beaucoup plus la cible du sarcasme, de l'ironie ou même de l'insulte que le public...

La peinture ancienne est « plus facile » à comprendre.

C'est une croyance illusoire. Un tableau ancien laisse plus facilement identifier les éléments qui le composent. Mais cela ne suffit pas. Encore faut-il déchiffrer le sujet. Combien de thèmes – historiques, littéraires, religieux, mythologiques – énigmatiques ne laissent-ils pas le spectateur sur sa faim !
Ajoutons que le fait de reconnaître un sujet ne suffit pas pour comprendre une œuvre. Voir que *La Joconde* représente un portrait de femme est-il réellement le signe d'une compréhension de la peinture ? Autrefois la peinture requérait du spectateur la connaissance d'un certain nombre de codes. Aujourd'hui elle en appelle à d'autres références, ancrées dans l'histoire contemporaine. Elle parle de ce qui se vit maintenant, de la peur du néant ou de l'aspiration au dépassement, de la dérision, de la révolte ou du désir, de sensations ou de réflexes... Autant de choses faciles à comprendre immédiatement, sans autre information.

Ce qu'on appelle *art* aujourd'hui, « ce n'est pas de l'art ».

Affirmer que « ce n'est pas de l'art » revient à supposer que l'on sache exactement définir ce qu'est l'art, que l'on y attache l'idée d'une double perfection technique et esthétique et que cette double perfection soit un objectif éternel, quels que soient les tumultes de l'histoire. Il n'en est rien. Dès la préhistoire, la peinture a joué un rôle vital. Même sans connaître les détails de leur utilisation, on sait par exemple qu'alors les hommes transportaient les matières colorantes loin des gisements, sur des centaines de kilomètres ; elles leur étaient donc aussi indispensables que leurs armes. La peinture, liée à leur survie, n'avait rien à voir avec l'agrément d'un décor. L'image crée un espace par et dans lequel le peintre agit. Elle est un lieu instauré entre lui et le monde; il y exprime ce qu'il perçoit, ce qui lui manque, ce qu'il attend, ce qui lui fait peur ou ce qu'il refuse. Pendant quelques siècles, c'est vrai, l'image a aussi transmis les idéaux de la beauté que l'on s'était forgés, mais cela ne saurait définir à tout jamais sa fonction. Ni la peinture ni plus généralement l'art ne se limitent à la seule recherche du beau, même si la quête de la transcendance les habite et si la nostalgie nous le fait regretter.

Pourquoi met-on « ça » dans un musée ?

Une œuvre est acquise par un musée parce qu'elle incarne une rencontre particulière entre une histoire personnelle (le trajet du peintre) et l'histoire d'une époque. Il faut qu'il y ait une réelle coïncidence entre les deux pour que le tableau soit significatif. Le musée d'art contemporain n'a pas nécessairement pour seule vocation d'être un lieu de délectation esthétique. S'il l'est parfois (l'art propose éventuellement une alternative aux misères du monde), il est aussi un laboratoire où s'engrangent les expériences, un lieu où l'on perçoit son environnement comme au travers d'un verre grossissant, quelquefois déformant. Dans tous les cas, le temps aura le dernier mot : le regard s'usera, se lassera ou s'aiguisera ; certaines œuvres perdront de leur force, d'autres y gagneront.

Les sujets religieux

Pourquoi y a-t-il autant de tableaux religieux ?

Pendant des siècles, l'art de la peinture n'a existé qu'en fonction de la religion chrétienne, qui avait un rôle prépondérant dans la société. L'Église a fait produire et utilisé les images afin de transmettre aux gens un savoir qu'ils ne pouvaient acquérir autrement. Privés de l'accès aux textes puisqu'ils ne savaient pas lire (les livres, de toute façon, très rares, ne pouvaient être montrés à tout le monde en même temps), ils apprenaient l'Histoire sainte grâce aux tableaux. Il avait déjà été observé à cette époque qu'un support visuel frappe la sensibilité avec plus d'efficacité qu'un discours et que la mémoire s'en imprègne plus durablement.

À quoi servaient les tableaux dans les églises ?

Les tableaux montraient aux gens ce en quoi ils devaient croire, leur fournissaient un ensemble de certitudes : ce qu'ils pouvaient espérer (le Paradis), redouter (les châtiments de l'Enfer), savoir (les épisodes de l'Histoire sainte) et faire (pratiquer la charité des saints et leurs autres vertus). Les sermons et prédications des religieux familiarisaient les fidèles avec chacun des sujets représentés. Les peintures avaient aussi pour vocation d'embellir les édifices sacrés, et, lorsqu'elles étaient commandées par des particuliers, constituaient de véritables offrandes.

Pourquoi a-t-on peint autant de *Vierge à l'Enfant* ?

L'omniprésence du thème s'explique par sa double signification. Un tableau de Vierge à l'Enfant ne représente pas seulement une mère avec son bébé. Il a aussi pour but de rappeler l'existence de Jésus en tant qu'incarnation du Verbe. La Vierge Marie symbolise l'institution de l'Église qui soutient et accompagne la Parole de Dieu faite homme. Comme telle, elle est d'ailleurs la mère de tous les croyants. Au fil des siècles, on a accentué la dimension humaine et tendre de ce sujet naturellement devenu le plus populaire du répertoire chrétien.

Pourquoi a-t-on peint autant de *Christ en croix* ?

L'image du Christ en croix est celle d'une mort qui, au lieu d'être une fin, est au contraire un début. La religion chrétienne repose sur cette foi en la résurrection du Christ. Instrument de supplice infamant, à l'origine réservé aux esclaves et aux traîtres, la croix devient celui du sacrifice et de la victoire sur la mort. Il était donc indispensable pour l'Église d'en multiplier les représentations. À partir du XVe siècle, la connaissance de la statuaire antique et de l'anatomie a permis d'accentuer la vérité du sujet, et l'image du Christ a commencé à traduire un idéal de beauté plastique autant que spirituelle.

Pourquoi a-t-on peint aussi souvent l'Annonciation ?

Cette scène ouvre l'histoire de la Rédemption. C'est le moment où l'ange Gabriel vient annoncer à Marie la future naissance de l'Enfant et, surtout, celui où cet enfant s'incarne en elle. L'image de l'Annonciation est donc celle de la rencontre fondamentale entre la Parole et le corps, entre l'esprit et la matière. Essentiel en tant que message religieux, le sujet a également constitué un défi passionnant pour les peintres qui ont dû en élaborer l'image : comment représenter ce qui symbolise le processus même de toute création (n° 1) ?

Pourquoi l'Enfant Jésus a-t-il souvent l'allure d'un adulte ?

Contrairement à ce que l'on croit souvent, ce n'est pas en raison d'une maladresse des peintres anciens qui se seraient montrés incapables de peindre de « vrais bébés ». Les traits du visage et l'expression de l'Enfant Jésus se devaient d'exprimer la connaissance supérieure que lui confère sa double nature : à la fois humain et divin, il est représenté avec la taille d'un bébé mais avec la maturité d'un adulte. Suivant les époques, on l'a ainsi caractérisé, bien que de petite taille, comme un orateur antique, en toge et la main levée (image de la Parole divine) ou comme un athlète (victoire sur le mal). De manière générale, il apparaît plus robuste et grave chez les peintres italiens que chez les artistes flamands, qui le montrent plus chétif et souriant.

Pourquoi les personnages ont-ils un cercle doré autour de la tête ?
Ce cercle d'or, que l'on nomme *auréole* ou *nimbe*, symbolise la lumière absolue de Dieu, attachée à des personnages qui sont des êtres divins ou des saints. L'auréole a été représentée de plusieurs manières : comme un cercle plein, comme un mince anneau d'or, comme un halo... Elle est, la plupart du temps, disposée selon l'inclinaison de la tête, comme un chapeau, sauf au Moyen Âge, où elle reste parallèle au fond du tableau quelle que soit la position du personnage (n° 1). Sa signification symbolique est ainsi rapprochée plus clairement de celle des fonds d'or qui évoquent toujours la perfection inaltérable de Dieu (n° 1).

Pourquoi y a-t-il parfois des portraits dans les tableaux religieux ?
Les portraits intégrés dans des compositions religieuses représentent le plus souvent le ou les commanditaires de l'œuvre : ce sont les portraits de *donateurs*. Dans certains cas, ils sont inclus dans la scène comme les autres personnages : les Médicis se firent ainsi peindre sous l'aspect de rois mages au milieu du XVe siècle à Florence. Ailleurs, ils cohabitent avec les figures sacrées sans qu'on puisse les confondre avec elles, car ils sont montrés dans l'attitude de la prière, avec les vêtements de leur époque ; ils font partie de la composition principale ou sont disposés sur les volets latéraux (quelquefois sur les faces extérieures) quand il s'agit d'un triptyque.
C'était une façon de mettre en valeur sa dévotion tout en transmettant son image à la postérité. Il arrive aussi que l'on voit dans certains tableaux religieux l'autoportrait de l'artiste qui souligne ainsi son rapport personnel au sujet traité.

Peint-on encore des tableaux religieux aujourd'hui ?
On en peint beaucoup moins, ce qui correspond bien sûr à l'amoindrissement du rôle de la religion dans la société occidentale depuis le XIXe siècle. Il y a cependant toujours eu des artistes attachés à ce type de sujets, même s'ils ne s'y consacraient pas entièrement. L'un des aspects remarquable des rapports entre la peinture et le sacré tient à la part grandissante qu'y occupe actuellement l'art abstrait.
De nombreux peintres contemporains conçoivent des œuvres (peintures, vitraux, installations) qui leur sont commandées pour des édifices religieux.
Se passant de toute illustration littérale, ils suggèrent une autre approche de l'absolu, indescriptible et indicible, par les rapports de la matière, des couleurs et surtout de la lumière.

Pourquoi n'y a-t-il pas de tableaux dans les synagogues ni les mosquées ?
Le judaïsme et l'islam sont des religions sans images. Elles respectent scrupuleusement l'interdiction énoncée dans l'Ancien Testament par le troisième des dix commandements : « Tu ne feras pas d'idole, ni rien qui ait la forme de ce qui se trouve au ciel là-haut, sur terre ici-bas ou dans les eaux sous la terre. »
Ce commandement était destiné à éliminer *a priori* tout risque d'idolâtrie, c'est-à-

dire à éviter que les hommes n'adorent des représentations peintes ou sculptées de Dieu autant que Dieu lui-même. Ce problème s'est aussi posé, à plusieurs reprises, dans l'histoire chrétienne et a parfois déclenché de violents affrontements entre deux partis : pour les images (iconodules) ou contre les images (iconoclastes). L'Église s'est finalement prononcée en leur faveur, reconnaissant leur immense potentiel pédagogique. Cependant, la Réforme protestante, intervenue au XVIe siècle, bannit aussi les images de ses lieux de culte.

Quels sont les textes qui ont fourni les sujets des tableaux religieux ?

Les tableaux illustrant des sujets religieux ne se réfèrent pas exclusivement à la Bible mais aussi à deux autres sources : *Les Évangiles apocryphes* et *La Légende dorée*. Quelques remarques sur ces trois textes — à consulter impérativement si l'on veut retrouver la multiplicité des personnages, des situations, des lieux et des objets symboliques décrits par les peintres :

• *La Bible* chrétienne se compose de *L'Ancien Testament* et du *Nouveau Testament*. *L'Ancien Testament* concerne les thèmes liés à la Création du monde et de l'humanité, le péché originel, l'histoire du peuple hébreu, les Rois (n° 10, n° 14), les Prophètes. *Le Nouveau Testament* rapporte la vie du Christ (les quatre Évangiles, n° 1), les épisodes de la vie des apôtres (*Actes des apôtres*), l'Apocalypse.

• *Les Évangiles apocryphes* ne font pas partie des textes bibliques mais l'Église a toléré que les peintres s'en inspirent. Ces textes, qui remontent aux IIe, IIIe et IVe siècles, ont largement fourni l'iconographie religieuse pour représenter les épisodes de la vie du Christ et de la Vierge ne figurant pas dans les Évangiles (en général, d'inspiration plus sentimentale).

• *La Légende dorée* est un ensemble de récits, entre histoire et légende, compilés et retranscrits par Jacques de Voragine (entre 1225 et 1230 – 1298), qui fut archevêque de Gênes. On y trouve en particulier les innombrables histoires des saints (n° 3) et de leur martyre. Le théâtre religieux aussi a influé sur la peinture en fournissant des idées de mise en scène, de décor ou des détails anecdotiques. Le public, familier des représentations qui avaient lieu dans les rues, sur le parvis des églises, reconnaissait ainsi dans les peintures le reflet de ces spectacles.

Les portraits

Qu'est-ce qu'un portrait ?

C'est la représentation d'une personne peinte de sorte que cette personne soit identifiable. Lorsque le nom du modèle n'est pas parvenu jusqu'à nous (on sait qu'il s'agissait à l'époque d'un individu précis dont on reconnaissait éventuellement les traits), on donne au tableau un titre général comme *Portrait d'homme*, *Portrait de jeune femme*... Le titre se fait parfois plus précis quand le tableau comporte des détails explicites : *Portrait d'un musicien*, *Portrait d'un chasseur*...

Qui fait peindre son portrait ?

Dès le Moyen Âge, les rois et les princes, pour eux-mêmes et leur famille. Se faire représenter signifiait que l'on exerçait un pouvoir, politique ou religieux. À la Renaissance, au XVe siècle, les gens aisés comme les banquiers ou les marchands ont aussi fait faire leur portrait. À partir du XVIIe siècle et surtout au XIXe, il est devenu habituel pour les bourgeois de se faire peindre. La seule condition était (et est encore) d'avoir les moyens d'engager un portraitiste.

Le peintre choisit-il les modèles dont il fait le portrait ?

Lorsque autrefois, le peintre était attaché au service d'un roi ou d'un prince, il n'avait pas le choix : sa fonction l'obligeait à peindre ce qu'on lui demandait. Sinon, le peintre est toujours libre d'accepter ou de refuser une commande, que les modèles lui soient imposés ou non. En revanche, dès la fin du XIXe siècle, les peintres (travaillant de moins en moins sur commande) représentèrent en toute indépendance leur entourage, leurs amis, les gens qui les intéressaient ou qu'ils admiraient (n° 20, n° 29)...

Pourquoi les gens sont-ils parfois peints de profil ?

Cette formule courante en Italie aux XIVe et XVe siècles s'inspirait des médailles et pièces de monnaie antiques. Reprenant la pose des empereurs romains, le modèle affirmait son autorité ainsi que la noblesse de son caractère. Le profil mettait l'accent sur la ligne essentielle d'un visage, sans distraire le spectateur par une expression particulière. Cette forme de portrait, qui souligne la dignité intemporelle d'un personnage, se rencontre jusqu'à nos jours.

Pourquoi les visages sont-ils plus souvent de trois quarts que de face ?

Dans les mosaïques des églises byzantines, la représentation frontale est déjà réservée à la Sainte Face, c'est-à-dire celle du Christ... Celui-ci est peint ainsi dans des scènes comme *Le Christ bénissant*, *Le Jugement dernier*... Une telle représentation du visage est d'abord liée à l'expression du pouvoir divin. Aussi les rares portraits de face établissent-ils toujours un rapport significatif entre le modèle et l'éternité du monde céleste.

À l'inverse de la posture de face ou du profil, toutes deux attachées à une notion de permanence, la posture de trois quarts est intermédiaire : plus propre donc à traduire l'aspect transitoire de l'homme, elle permet aussi de jouer sur les nuances d'un regard, dirigé ou non vers le spectateur. Dès le début du XVe siècle, les peintres néerlandais ont adopté cette solution qui devint très vite la norme.

Quelle est la différence entre un portrait en buste et un portrait à mi-corps ?

Le portrait en buste montre le personnage coupé aux épaules. On ne voit donc jamais ses mains. Les portraits du Moyen Âge et de la Renaissance, de profil ou de trois quarts, sont en buste. L'image peinte se réfère ainsi à la tradition des bustes sculptés de l'Antiquité. À partir du XVIe siècle surtout, on prend l'habitude de montrer le modèle à mi-corps, c'est-à-dire jusqu'à la taille. Les mains du personnage constituent alors un facteur d'expression supplémentaire : toutes deux visibles ou non (entièrement ou partiellement), agitées ou paisibles, elles accentuent et nuancent la présence psychologique du modèle (n° 6).

Qu'est-ce qu'un portrait en pied ?

Le portrait en pied montre le modèle debout. Les portraits de ce genre se sont développés au XVIe siècle. Formule aristocratique et même princière par excellence, ce type d'image souligne la prestance du personnage et donne aussi l'occasion de mettre en valeur son vêtement, le décor dans lequel il évolue.
À partir du XIXe siècle, on a couramment utilisé cette composition, devenue simplement synonyme d'élégance.

Qu'est-ce qu'un portrait d'apparat ?

Le portrait d'apparat, en général une peinture officielle, insiste sur la position sociale du personnage et le pouvoir qu'il exerce. L'extrême luxe du vêtement, l'élégance de la pose ainsi que la majesté du décor jouent un rôle prédominant car ils affichent l'importance du titre ou des fonctions du modèle. Les portraits royaux et les portraits de cour créent de la sorte un effet spectaculaire. Les portraits équestres constituent une catégorie particulière de tableaux d'apparat qui rappellent la grandeur des empereurs romains en s'inspirant de leurs statues à cheval.
Le personnage y apparaît au faîte de sa gloire, capable d'exercer une domination politique, militaire, aussi bien réelle que symbolique (n° 8).

Qu'est-ce qu'un autoportrait ?

C'est le portrait que le peintre fait de lui-même en s'aidant d'un miroir (éventuellement d'une photographie). L'image du peintre par lui-même peut constituer un tableau autonome ou encore être intégrée à une composition (n° 22) dans laquelle ce dernier apparaît parmi d'autres personnages. L'artiste se représente parfois en train de travailler, le pinceau à la main, mais il arrive également qu'il ne fasse aucune allusion à son activité.

Comment faisait-on les portraits de groupe ?

Il en existe plusieurs sortes : les portraits de famille, les portraits des membres d'une corporation ou d'une confrérie, les réunions de personnes, amis ou autres, en une circonstance particulière.
En général, les gens posaient ensemble pour la mise en place du tableau et séparément pour les visages. Dans certains tableaux, les modèles n'ont jamais posé en même temps, le peintre ayant inventé leur réunion pour l'occasion. Une grande difficulté des portraits de groupe était d'animer suffisamment la composition tout en accordant l'importance souhaitable à chacun des modèles.

Les portraits sont-ils toujours ressemblants ?

La qualité de la ressemblance jouait un rôle déterminant dans la peinture ancienne ; elle est beaucoup moins importante dans l'art du XXe siècle. Après l'invention de la photographie, au XIXe siècle, cet impératif s'est amoindri, la suggestion du caractère primant souvent sur la précision des traits. Dans la peinture ancienne, le peintre se devait aussi de montrer le modèle sous son meilleur jour, quitte à en flatter l'apparence.

Le peintre travaille-t-il toujours en présence de son modèle ?

Non, parfois le modèle était trop prestigieux ou trop occupé pour accepter de poser longtemps. Le peintre réduisait le temps de pose au minimum. Il utilisait parfois pour le visage un autre portrait du même modèle, peignant les accessoires, costumes, décors à l'aide de mannequins ou en faisant poser ses aides.
Au XXe siècle, de nombreux artistes ont préféré se passer de la présence du modèle — trop intimidante ou contraignante — et ont travaillé de mémoire ou d'après des photographies, ne retenant que certains traits marquants, et se sentant ainsi plus libres d'en donner une interprétation subjective (n° 29).

À quoi sert un portrait ?

Le portrait témoigne de l'apparence de quelqu'un à un moment donné de sa vie. Avant la photographie, c'était, hormis la sculpture, la seule possibilité de le faire. Il pouvait remplir un rôle documentaire, informatif : un roi en quête d'épouse demandait souvent le portrait d'une princesse ou d'une femme qu'il n'avait jamais eu l'occasion de rencontrer. La peinture remplaçait la personne absente... Cette fonction primordiale de la peinture était déjà évoquée par une légende antique : une jeune fille aurait découvert l'art de la peinture (et du portrait) en dessinant sur un mur l'ombre portée de celui qu'elle aimait, alors qu'il lui faisait ses adieux...

La photographie a-t-elle remplacé le portrait peint ?

Elle l'a fait en grande partie, ne serait-ce que parce qu'elle a permis de démocratiser les images et de démultiplier les représentations. Pourtant on peint encore beaucoup de portraits aujourd'hui. Un portrait peint possède une qualité de présence et une valeur symbolique peut-être d'autant plus fortes qu'il n'est justement plus le seul moyen disponible pour fixer la réalité... Il relève donc d'un choix esthétique délibéré, autant de la part du peintre que du modèle.

Les sujets mythologiques et historiques, les allégories

Que racontent les tableaux mythologiques ?

Ils mettent en scène les dieux, les héros et tous les personnages de la mythologie gréco-romaine. Les légendes de l'Antiquité rapportent leurs exploits, leurs amours mais aussi leurs querelles les plus féroces. Elles ont donné aux peintres l'occasion de décrire toutes sortes de comportements identiques à ceux des humains, mais haussés jusqu'à l'absolu : la tendresse, la jalousie, la cruauté, le courage, la vengeance (n° 12)...

Pourquoi y a-t-il beaucoup de nus dans les sujets mythologiques ?
La nudité des personnages mythologiques est liée à leur nature surhumaine. Ils représentent des principes plutôt que des personnes réelles et n'ont à ce titre pas la nécessité de protéger leur corps par des vêtements. De même, leur anatomie parfaite constitue une référence exemplaire. Ils offrent, selon les modèles fournis par la statuaire antique, l'image de la beauté physique accomplie.

Qui pose pour les figures de nus ?
Les peintres utilisent le plus souvent les services de modèles professionnels, masculins ou féminins, également présents lors des cours dans les écoles des Beaux-Arts. Il arrive naturellement que certains artistes, surtout dans l'art du XXᵉ siècle, fassent aussi poser des proches. Dans le passé, les statues antiques ont été une grande source d'inspiration et servaient de référence pour corriger les éventuelles imperfections du modèle vivant. À partir du milieu du XIXᵉ siècle, les peintres (Manet) ou les sculpteurs (Rodin) les plus novateurs ont employé des modèles amateurs dont ils appréciaient le caractère et la spontanéité.

Tous les nus sont-ils mythologiques ?
Non, les représentations de nus ne relèvent pas toutes de la mythologie. Dans la peinture religieuse, on peint ainsi principalement Adam et Ève, le Christ en croix ainsi que différents martyrs dont saint Sébastien. À partir du XVᵉ siècle, ces images se trouvent cependant influencées par les figures des dieux mythologiques : la plastique du Christ doit ainsi beaucoup à celle des différentes statues d'Apollon... À partir du XIXᵉ siècle, les peintres se sont enhardis à peindre des nus en dehors de ces sujets. Ainsi les thèmes orientalistes, inspirés de scènes de harem, servaient-ils de prétextes à des évocations érotiques. En 1863, le peintre français Édouard Manet fit scandale avec *Le Déjeuner sur l'herbe* (musée d'Orsay, Paris) parce qu'il avait renoncé à tout alibi : une femme déshabillée, sa robe et son chapeau près d'elle, y est montrée assise en compagnie de deux hommes habillés tandis qu'une autre figure féminine se baigne au loin. C'est le premier tableau de nu « contemporain ».

Pourquoi a-t-on peint tellement de Vénus ?
En tant que déesse de la beauté et de l'amour, Vénus représente la perfection du corps féminin, ce qui a toujours constitué un défi pour les artistes. Ses multiples images la montrent le plus souvent au moment de sa naissance, c'est-à-dire sortant des eaux (n° 4), ou bien allongée et, parfois, endormie. Les peintres ont ainsi travaillé à diverses postures exprimant une volupté plus ou moins accentuée qui prouvait en même temps leur maîtrise de l'anatomie.

Pourquoi a-t-on peint des thèmes mythologiques ?

Tout d'abord, les sujets mythologiques ont fourni aux peintres l'occasion de représenter le nu, peu compatible avec la plupart des sujets sacrés. C'est dans l'Italie du XVe siècle, à l'époque de la Renaissance, qu'ils se sont diffusés. L'observation de la sculpture gréco-romaine ainsi que l'étude de l'anatomie, la connaissance des textes antiques décrivant des œuvres disparues ont encouragé l'élaboration de telles images. Sortie des domaines exclusifs de la religion et du portrait, la peinture a dès lors considérablement élargi son répertoire. Les personnages mythologiques ont en outre été utilisés pour symboliser les qualités de certains modèles dont il fallait souligner le caractère exceptionnel. Le rapport établi dans de nombreuses œuvres du XVIIe siècle entre le roi de France Louis XIV, surnommé le Roi-Soleil, et Apollon (dieu du soleil) en est un exemple.

De quels textes les peintres se sont-ils inspirés pour les sujets mythologiques ?

Les multiples sources appartiennent aussi bien à la tradition grecque que romaine. Ce sont, entre autres, *L'Iliade* et *L'Odyssée* d'Homère (IXe ou VIIIe siècle avant J.-C.), *Les Travaux et les Jours*, la *Théogonie* d'Hésiode (VIIIe siècle avant J.-C.) pour les Grecs ; *L'Énéide*, *Les Bucoliques*, *Les Géorgiques* de Virgile (71-19 av. J.-C.), *Les Métamorphoses* d'Ovide (43 av. J.-C. – 17 apr. J.-C.) pour les Romains.

De nombreux tableaux s'intitulent « *Allégorie* » de quelque chose.
Que signifie ce mot ?

Le mot vient du grec *allêgorein*, qui signifie « parler par figures ». En peinture, cela permet de représenter des idées en leur donnant la forme de personnages et d'objets. Par exemple, le Temps est figuré comme un vieillard (le temps fait vieillir), ailé (il vole), armé d'une faux (il fauche les vies), un sablier dans les mains (il s'écoule)... S'il retire l'étoffe qui dissimule le corps d'une jeune femme nue, on comprend que « le Temps dévoile la Vérité »... Les allégories ont été souvent utilisées pour exprimer des leçons morales (les vices et les vertus) et les richesses du savoir ou des arts (la géométrie, la grammaire, la musique, etc.). Ainsi la *Justice* est-elle représentée comme une femme qui tient une balance, l'*Envie* comme une vieille femme grimaçante. La *Mort* est figurée par un squelette armé d'une faux...

Que racontent les tableaux à sujet historique ?

Les sujets historiques se réfèrent soit à un lointain passé, soit à l'époque même où vit le peintre. L'Antiquité et le Moyen Âge ont largement nourri l'imagination des artistes, leur offrant — selon les cas et les époques — des sujets plus ou moins héroïques ou émouvants. Les thèmes d'histoire contemporaine, qui relevaient traditionnellement de commandes officielles, commémoraient une victoire, un couronnement, un mariage royal... Un grand changement s'est amorcé au début du XIXe siècle, lorsque certains artistes ont pris l'initiative d'illustrer des moments de l'histoire dépourvus de toute gloire. À partir de ce regard librement porté sur des faits divers (le mot apparaît en France en 1838), la peinture s'est peu à peu enrichie d'un rapport à l'actualité politique et sociale tour à tour critique, provocateur ou désabusé (n° 16).

Les paysages

Qu'appelle-t-on « paysage » ?

Un paysage est d'abord une représentation de la nature. Selon les époques, on a peint des paysages de toutes sortes, suivant que l'on voulait donner au spectateur l'idée d'un vaste monde ou insister sur certains éléments précis. Un paysage décrira un lieu réel ou imaginaire, la campagne, la mer, sans oublier les villes (paysages urbains). Le paysage peut se combiner avec tous les autres sujets.

A-t-on toujours peint des paysages ?

La deuxième moitié du XIIIe siècle a vu l'apparition d'éléments extraits de la nature (un arbre, une montagne, un jardinet) dans les tableaux. Ces motifs, qui n'avaient pas un but descriptif, servaient à situer l'histoire ou le personnage représenté. Progressivement, le répertoire s'est élargi : derrière les scènes sacrées, de véritables *fonds de paysages* ont fini par investir l'espace. Au XVIe siècle, la nature a si bien envahi les compositions religieuses que celles-ci ne montrent plus que de tout petits personnages évoluant dans un vaste décor (n° 7)... À partir du XVIIe siècle s'est développé l'art du paysage proprement dit. Ce n'était plus le décor d'un autre sujet, mais véritablement un thème autonome. Dès lors, on n'a plus cessé d'en peindre, en choisissant des motifs de plus en plus proches du quotidien, surtout au XIXe siècle.

Est-ce qu'un paysage représente toujours, comme une photographie, un lieu précis ?

Dès le XVe siècle, on a peint certains éléments identifiables d'un endroit, d'une région précise. Mais cela n'était en rien systématique. L'habitude était plutôt de combiner divers éléments, empruntés à différentes sources, quand ils n'étaient pas à moitié imaginaires. Le peintre opérait un tri dans la nature, en donnant pour finir une version complètement idéalisée. Les paysages qui décrivent avec précision des lieux réels remontent au XVIIe siècle, en Hollande. Ils se généralisent dans toute l'Europe au XIXe siècle. Ainsi, dans un paysage impressionniste par exemple, on reconnaîtra la topographie particulière de tel pont, telle falaise ou telle route de campagne...

Pourquoi a-t-on peint autant de paysages ?

Indépendamment de la contemplation des beautés de la nature, ce genre de tableau avait plusieurs fonctions. C'était d'abord une manière de célébrer la Création divine : chaque brin d'herbe était le reflet de Dieu et le paysage, un parcours symbolisant le cheminement de l'homme lors de sa vie terrestre (n° 7). Il était également susceptible d'asseoir une réalité historique : ainsi, la Hollande du XVIIe siècle, qui venait de conquérir son indépendance politique et religieuse, a produit de très nombreux paysages dressant une sorte d'inventaire de son territoire. Plus tard, les peintres romantiques ont perçu le paysage comme un miroir de leurs états d'âme et des relations de l'homme à l'univers. Enfin, le paysage impressionniste a restitué l'image de la banalité quotidienne, vécue dans ses plus intimes changements : rayon de soleil, coup de vent, matinée enneigée... La nature offrait et continue donc d'offrir au peintre la matière d'une méditation, d'une prise de conscience de l'histoire, d'une rêverie, d'une promenade...

Un paysage est-il peint à l'intérieur ou en plein air ?
Après avoir réalisé un certain nombre d'études d'après nature, les peintres anciens travaillaient en atelier. Ils composaient leur tableau à partir d'éléments empruntés à des endroits divers, afin de montrer de nombreux aspects de la nature.
Le paysage était alors une sorte de résumé idéal du monde où l'on mettait en scène une histoire. Dans la deuxième moitié du XIXe siècle, les artistes ont commencé à peindre complètement en plein air (n° 19), ce qui était désormais possible grâce à l'invention des peintures en tube, plus facilement transportables... Leurs tableaux rendent également compte de l'évolution des mœurs : on sortait plus facilement de chez soi, on prenait le train, on allait au bord de la mer...
Les conséquences de la peinture en plein air pour le sujet et l'apparence des images ont été radicales. Les tableaux se sont attachés à la représentation de choses banales (à la différence de personnages sacrés ou mythologiques...), celles que chacun peut effectivement voir n'importe où et n'importe quand dans la réalité. Travaillant en pleine lumière, les peintres ont éclairci leur palette. Soumis aux changements continuels du temps, ils ont traduit les perceptions passagères, imprécises, par une technique se rapprochant de l'esquisse.

Les scènes de la vie quotidienne, la représentation des objets

Y a-t-il beaucoup de tableaux qui représentent la vie quotidienne ?
Les scènes de la vie quotidienne ont été de plus en plus nombreuses à partir du XVIe siècle. Il en existe de toutes sortes, qui puisent leur inspiration dans tous les milieux de la société. Ces peintures ne présumaient pas d'une quelconque culture livresque de l'artiste ni du public puisqu'elles ne traitaient pas de « sujets nobles », c'est-à-dire tirés de la Bible ou de l'histoire antique. Aussi furent-elles longtemps considérées comme mineures. Trouvant cependant plus facilement acquéreur que des sujets aux significations complexes, elles représentèrent paradoxalement une part importante de la production générale de tableaux (n° 15).
Ce n'est qu'au XIXe siècle que le terme de *scène de genre* a été établi.

Comment appelle-t-on une peinture représentant des objets ?
Le nom de ce genre de tableau varie selon les pays. En France, on parle de *nature morte* depuis le milieu du XVIIIe siècle, pour désigner tous les motifs inanimés : gibier, trophée de chasse ou de pêche, mais aussi fleurs, fruits ou tout autre objet. Les Anglo-Saxons, avec l'expression *still-life*, comme les Allemands avec *Stilleben*, ont choisi de qualifier la « nature morte » de « vie tranquille ». Comme les paysages, les natures mortes ont constitué des sujets autonomes à partir du XVIIe siècle (n° 13). Elles aussi étaient déjà présentes dans les peintures antérieures, mais uniquement comme éléments de compositions dont elles n'étaient jamais le thème principal.

Une nature morte montre-t-elle de préférence des objets luxueux ?
Non, dans bien des cas les natures mortes s'attachent à des objets modestes, voire rustiques, choisis pour la beauté de leur forme, leur texture, leur matière et/ou leurs couleurs... Souvent usuels, témoins des actes et des gestes les plus simples du quotidien, les objets représentés suggèrent une relation étroite, parfois affective, avec leurs propriétaires pourtant absents de la peinture.

Certaines natures mortes sont appelées « vanités ». Que signifie ce mot ?
Le terme de *vanité* est employé dans le sens du mot latin *vanitas*, qui signifie « vacuité ». De telles natures mortes mettent l'accent sur la brièveté de la vie terrestre et sur l'inanité de toute possession matérielle. Elles montrent parfois peu d'objets, qui insistent toujours sur la mort (un crâne, par exemple) et/ou la fuite du temps (un sablier) ou au contraire un amoncellement de choses destiné à s'écrouler tôt ou tard. Selon les images, elles se présentent avec une grande austérité ou comme le reflet d'un luxe plaisant dont elles engagent à mépriser les attraits...

Pourquoi certaines natures mortes montrent-elles des fleurs, des fruits, des légumes, etc., qui ne poussent pas à la même saison ?
Les peintres travaillaient d'après les objets réels mais complétaient leurs observations. Ils utilisaient ainsi des planches de botanique qui leur offraient, à tout moment de l'année, un plus large choix que la nature elle-même. De plus, réunir au sein d'un même tableau des choses qui n'existent en réalité qu'à des époques différentes est un moyen de composer une image parfaite, achevée, plus complète que l'expérience quotidienne. Avec un seul bouquet ou une seule coupe de fruits suggérant le cycle des saisons, on parvenait à évoquer l'année entière...

Toutes les natures mortes ont-elles une signification symbolique ?
Les natures mortes ne sont pas toutes d'ordre symbolique, bien que les premières l'aient été. Comme les autres sujets (paysages, portraits...), elles sont d'abord apparues dans des tableaux religieux. Lorsqu'on en peignit de façon indépendante, on continua d'attribuer aux objets qui les composaient un sens dépassant leur simple apparence : dans un tableau du XVIIe siècle (n° 13), la grappe de raisin est ainsi

une allusion au Christ (issu du raisin, le vin lié au sang versé lors de la Passion est présent dans la célébration du sacrement eucharistique). À partir du XVIIIe siècle, les objets — davantage observés pour eux-mêmes — se sont peu à peu détachés de leur identification conventionnelle.
Même s'ils choisissent un objet pour ses résonances symboliques, les peintres n'illustrent plus obligatoirement un propos codifié.

Le prix d'un tableau

Les prix atteints dans les ventes aux enchères varient en fonction de la rareté de l'œuvre mais aussi de la période à laquelle elle appartient dans la carrière du peintre. À titre indicatif, voici quelques exemples de prix atteints dans des ventes aux enchères récentes.

Peintures anciennes ou modernes :
• *Vénus et Adonis* de Titien (1488/1490–1576), 1555 : 72,2 MF (environ 11 M€) en 1991 chez Christie's Londres.
• Le Codex Hammer de Léonard de Vinci (1452–1510), 1506-1510 : 162 MF (environ 25,3 M€) en 1994 chez Christie's New York.
• *Le Massacre des innocents* de Rubens (1577–1640), vers 1610 : 49,5 M£ (environ 75,6 M€) en juillet 2002 chez Sotheby's Londres.
• *Portrait d'une dame âgée de 62 ans* de Rembrandt (1606–1669), 1632 : 214,5 MF (environ 32,7 M€) en 2000 chez Christie's Londres.
• *Au Moulin de la Galette* de Pierre-Auguste Renoir (1841-1919), 1876 : 432 MF (environ 65,8 M€) en 1990 chez Sotheby's New York.
• *Bassin aux nymphéas et sentier au bord de l'eau* de Claude Monet (1840–1926), 1900 : 200 MF (environ 30,5 M€) en 1999 chez Sotheby's Londres.
• *Portrait du docteur Gachet* de Van Gogh (1853–1890), 1890 : 458 MF (environ 69,8 M€) en 1990 chez Christie's New York.

Peintures contemporaines :
• *Untitled (Sans titre)* de Jean-Michel Basquiat (1960-1988), 1981 : 248 000 $ (environ 248 000 €) en novembre 2001 chez Christie's New York.
• *IKB 86* d'Yves Klein (1928-1962), 1959 : 553 750 £ (environ 850 000 €) en février 2002 chez Christie's Londres.
• *Man in Blue VII (Homme en bleu VII)* de Francis Bacon (1909-1992), 1954 : 707 750 £ (environ 1,1 M€) en février 2002 chez Christie's Londres
• *Portrait of Man with Glasses IV (Portrait d'homme aux lunettes, IV)* de Francis Bacon (1909-1992), 1963 : 894 750 £ (environ 1,36 M€) en février 2002 chez Christie's Londres.

Pourquoi certains tableaux coûtent-ils si cher ?

Un tableau a une dimension symbolique importante. On valorise toujours l'exception, qu'elle touche au savoir-faire et/ou à la démarche intellectuelle du peintre.

Elle manifeste, en général pour la première fois, la réalité d'un rapport au monde inconnu jusqu'alors. La fonction de la peinture n'est pas seulement, tant s'en faut, de reproduire plus ou moins bien des choses qui existent déjà. Elle fait surgir un réseau de sens, inconcevable autrement, comme l'ont fait les œuvres de Van Gogh (n° 21), de Picasso (n° 25) ou de Jean-Michel Basquiat (n° 28).

Cette valeur symbolique s'appuie aussi sur l'unicité de l'œuvre. Parallèlement, le prix d'une œuvre d'art est soumis aux fluctuations du marché, comme celui de n'importe quel produit.

Les œuvres d'un artiste deviennent plus chères après sa mort puisque la production est définitivement arrêtée. On continuera d'extraire des diamants dans les mines, mais Francis Bacon n'est plus là pour peindre d'autres tableaux... Si quelques peintres gagnent beaucoup d'argent, ils sont néanmoins beaucoup plus rares que les stars de cinéma ou les joueurs de football...

1 (page 54)

2 (page 58)

3 (page 62)

7 (page 78)

8 (page 82)

9 (page 86)

12 (page 98)

13 (page 102)

14 (page 106)

15 (page 110)

16 (page 114)

17 (page 118)

21 (page 134)

22 (page 138)

23 (page 142)

27 (page 158)

28 (page 162)

29 (page 166)

4 (page 66)

5 (page 70)

6 (page 74)

10 (page 90)

11 (page 94)

Les fiches d'œuvre

18 (page 122)

19 (page 126)

20 (page 130)

24 (page 146)

25 (page 150)

26 (page 154)

30 (page 170)

Comment utiliser les fiches d'œuvre ?

Les pages suivantes ont pour objectif de guider le regard dans les tableaux. Elles proposent un « mode d'emploi » pour mieux regarder une peinture, quels que soient son sujet, son auteur ou son époque. Les images se déchiffreront ainsi pas à pas, suivant le cheminement d'une curiosité qui s'approfondit en fonction de l'âge des enfants et/ou selon le niveau de chacun.

Les rôles ne sont pas distribués une fois pour toutes. Les questions ou remarques sont celles des enfants ou des adultes. Il est toujours possible de les lire toutes, de n'en sélectionner que quelques-unes (les paragraphes sont indépendants les uns des autres) et de s'en inspirer pour en inventer d'autres. L'important est que chacun s'autorise à prendre ainsi conscience des capacités de découverte de son propre regard.

Ce livre n'a pas pour vocation d'inventorier les peintures les plus connues. Les œuvres ont été choisies pour offrir la base d'une meilleure compréhension de très nombreuses images depuis le Moyen Âge jusqu'à nos jours. D'importance majeure dans l'histoire de l'art, elles sont accessibles dans les musées et souvent reproduites dans de multiples ouvrages.

Les 5 à 7 ans

Cinq à sept ans (ou débutant)
D'abord et avant tout : identifier ce que l'on voit dans un tableau, ce qui (même pour un adulte) n'est pas toujours évident ; distinguer les différentes composantes d'une image que l'on aurait tendance à regarder dans sa globalité.

Les 8 à 10 ans

Huit à dix ans (ou moyen)
Les questions, plus poussées, permettent d'avancer dans l'interprétation de la peinture. Elles font davantage appel à la réflexion.

Les 11 à 13 ans

Onze à treize ans et au-delà (ou avancé)
L'image est mise en relation avec des éléments extérieurs. Les motivations du peintre sont évoquées ainsi que l'importance historique de l'œuvre.

L'Annonciation

1

Entre 1430 et 1432, *tempera* sur bois, 194 x 194 cm
Musée national du Prado, Madrid, Espagne
Fra Angelico (Guido di Pietro, Fra Giovanni da Fiesole, dit Fra Angelico, Vicchio di Mugello, vers 1400 – Rome, 1455)

✦ **Un ange se penche devant une jeune fille.**
L'ange Gabriel vient annoncer à Marie qu'elle aura bientôt un bébé. Il lui explique que cet enfant sera le fils de Dieu et qu'il se nommera Jésus. Il la salue avec respect, les mains croisées sur la poitrine et, tout en restant assise, elle s'incline à son tour en faisant le même geste. Cette scène est racontée dans l'Évangile de saint Luc (Nouveau Testament). On l'appelle l'« Annonciation ».

✦ **Pourquoi Marie n'a-t-elle pas l'air étonnée de voir un ange devant elle ?**
En réalité, nous sommes les seuls à le voir. Le peintre le montre afin de rendre bien clair ce qui se produit. L'ange est invisible pour Marie, elle ne fait que l'entendre. Il est vrai qu'elle pourrait être surprise et même effrayée… D'autres artistes l'ont peinte avec de telles réactions, mais Fra Angelico a préféré insister sur son calme profond. Elle écoute attentivement ce que l'ange est venu lui dire et l'accepte sans se troubler.

✦ **Qui sont les personnages dans le jardin ?**
Ce sont Adam et Ève. Le tableau raconte deux histoires, celle de l'Annonciation et celle d'Adam et Ève chassés du Paradis (Ancien Testament). Ces derniers sont punis pour avoir désobéi à Dieu en mangeant le fruit de l'arbre de la Connaissance. Le petit ange en rose, au-dessus de leur tête, veille à ce qu'ils s'en aillent.

✦ **L'ange et Marie ont tous les deux une robe rose et des cheveux blonds.**
Très proches l'un de l'autre, ils se comprennent parfaitement, c'est pourquoi ils sont représentés avec les mêmes couleurs. Leurs cheveux sont aussi lumineux que le soleil et leurs vêtements se ressemblent. Leurs joues aussi sont roses. C'est une couleur très douce, comme la peau du bébé qui naîtra bientôt.

✦ **Le manteau de Marie est de la même couleur que le plafond.**
Ce n'est pas un simple plafond, il s'arrondit vers le haut en formant des voûtes bleues. Parsemées de petites étoiles d'or, elles symbolisent le ciel, c'est pourquoi on parle de « voûte céleste ». Marie est sur la terre, mais la lumière divine la rejoint et l'enveloppe. Les courbes au-dessus d'elle ont l'air de continuer leur chemin dans l'arabesque de son manteau.

✶ **L'ange va-t-il rester avec Marie ?**
Non, il vient uniquement délivrer un message. D'ailleurs, il n'entre pas tout à fait : il reste sur le seuil de la maison, comme un visiteur qui tient à ne pas s'imposer. Ses ailes et son pied droit dépassent de la colonne : il est entre deux mondes… Il appartient au ciel, ici il ne peut être que de passage. Ce moment dure à peine quelques secondes.

✶ L'ange garde la bouche fermée, on ne voit pas qu'il parle.

C'est parce que «techniquement» Marie ne l'entend pas avec ses oreilles. Elle le comprend à l'intérieur d'elle-même. L'ange Gabriel est un messager envoyé par Dieu : même s'il a salué Marie avec des mots, il s'adresse directement à son esprit.

✶ Pourquoi un rayon de soleil traverse-t-il le tableau ?

Ce rayon de lumière représente la Parole de Dieu qui parvient jusqu'à Marie. Son trajet dans l'espace est comme celui d'un rayon laser. L'image montre l'instant où cette Parole, entrée à l'intérieur de Marie, devient le bébé qui va grandir en elle. On dirait que son ventre se creuse pour lui faire de la place.

✶ Cela se passe-t-il dans la maison de Marie ?

L'histoire se déroule là où elle habitait mais le tableau ne décrit pas du tout sa maison de Nazareth en Palestine. C'est une construction fine, très élégante, semblable aux édifices les plus modernes de l'Italie du XVe siècle, l'époque à laquelle travaillait Fra Angelico. Il utilise cette maison comme un décor de théâtre qui permet de situer une scène en précisant un élément essentiel du récit : alors que Marie se trouve à l'intérieur de chez elle, un ange y pénètre.

✶ Il y a une autre pièce au fond.

Elle permet d'imaginer le reste de la maison. Fra Angelico nous montre qu'elle est très simple, avec ses quelques meubles de bois ordinaire, son banc caressé par la lumière. Il n'a peint qu'une partie de la pièce, le reste est invisible pour nous. L'image raconte une histoire, mais son but est aussi de suggérer qu'il est impossible de tout comprendre. Elle désigne un mystère.

✶ Un petit oiseau noir et blanc est perché sur la barre de fer.

C'est une hirondelle. Son rôle dans le tableau est d'indiquer la saison à laquelle se passe l'histoire. Chaque année, ces oiseaux reviennent des pays chauds où ils ont passé l'hiver. La présence de l'un d'entre eux prouve que le printemps est arrivé : la scène est censée se produire le 25 mars (neuf mois avant la naissance de Jésus, le 25 décembre).

✶ Pourquoi un oiseau blanc vole-t-il au-dessus de l'ange ?

C'est la colombe qui représente le Saint-Esprit. Elle signale que le message délivré par l'ange Gabriel est de nature divine. Alors que l'hirondelle indique un repère précis dans l'année, la colombe donne l'idée de l'éternité.

✶ Dieu est-il quelque part dans l'image ?

Il y apparaît sous deux aspects différents : le visage légèrement tourné vers l'ange dans le médaillon sculpté au milieu des deux arcades, et, en haut du tableau où l'on aperçoit ses deux mains dans un cercle de lumière ; elles accompagnent de loin le messager qui parle à Marie.

Que représentent les petits tableaux du dessous ?

Ce sont d'autres épisodes de la vie de Marie, disposés comme une bande dessinée sous le panneau principal. Le peintre devait obligatoirement décrire certaines scènes : la naissance et le mariage de la Vierge, la Visitation (elle rend visite à sa cousine Élisabeth elle-même enceinte de saint Jean-Baptiste), l'Adoration des mages, la Présentation de Jésus au temple, la Dormition de la Vierge (son trépas ou sa mort). Cette partie basse constitue dans l'œuvre ce que l'on nomme la *prédelle*. Le cadre qui enserre l'ensemble du retable (tableau d'autel) n'a pas été changé depuis que le tableau a été peint, ce qui est rare.

Pourquoi Marie a-t-elle un livre sur les genoux ?

On imagine qu'elle vient d'interrompre sa lecture. La réalité historique est bien différente : elle ne savait probablement pas lire et, à l'époque où elle vivait, les textes n'étaient pas écrits sur des livres mais sur de grands rouleaux.

C'est un stratagème pour rappeler que dans la Bible (Ancien Testament) le prophète Isaïe avait annoncé la naissance d'un enfant qui serait un signe envoyé par Dieu. Pour les chrétiens, il s'agit de Jésus. Ce motif du livre montre la relation établie entre l'ancienne prophétie et l'annonce à la Vierge.

Quel est le rapport entre l'Annonciation d'un côté et Adam et Ève de l'autre ?

Les deux épisodes ne se déroulent ni au même moment, ni au même endroit, mais sont liés par leur signification : Adam et Ève représentent la désobéissance à Dieu et le Péché originel. Au contraire, lors de l'Annonciation, Marie incarne la soumission à la volonté divine. Le rapprochement des deux thèmes met en valeur l'instant où débute l'histoire de Jésus, qui va racheter les péchés du monde. Le tableau est donc construit sur un double mouvement : Adam et Ève, tout petits sur la gauche, se préparent à sortir du tableau, tandis qu'à l'inverse l'ange pénètre avec la lumière dans un bel espace limpide... Ce qui est perdu d'un côté est offert de l'autre...

Pourquoi Fra Angelico a-t-il donné autant d'importance à l'architecture ?

L'architecture symbolise l'idée de construction en général. Ici elle facilite la lecture du tableau, grâce à cette double arcade en forme de « M » : l'initiale de Marie. On comprend que celle-ci est comparée à un temple ; elle est l'espace sacré dans lequel va grandir l'enfant qui naîtra. Le tableau va jusqu'à nous faire assister à l'instant précis où leur histoire commence : sur le sol de marbre se mêlent les couleurs du ciel, de la lumière et de la nature.

À l'arrivée de l'ange, ce bleu, ce jaune et ce vert sont comme poussés vers Marie par un grand vent... C'est le symbole du souffle qui vient animer la matière inerte.

Portrait de Giovanni Arnolfini et de son épouse

(Les Époux Arnolfini) 1434, huile sur bois, 82 x 60 cm
National Gallery, Londres, Angleterre
Jan Van Eyck (? vers 1390/1400 – Bruges, 1441)

2

✦ **C'est un couple.**
Giovanni et Giovanna Arnolfini se regardent en se tenant par la main. Tous deux Italiens, ils vivent en Flandres, loin de leur pays. C'est là, à Bruges, qu'ils ont fait faire ce portrait.

✦ **Ils ont un petit chien.**
Le petit chien se tient entre eux, à leurs pieds, comme s'il posait devant le peintre. Il est aussi calme que ses maîtres. Il est tourné du côté de la dame, peut-être a-t-il l'habitude de rester auprès d'elle...

✦ **La dame attend-elle un bébé ?**
Probablement pas. Le peintre a dû la représenter avec un ventre bien rond parce qu'à cette époque, il y a plus de cinq cents ans, c'était la mode : à tel point que les dames portaient parfois un petit coussin sous leurs vêtements.

✦ **Ils portent des vêtements d'hiver.**
Ces vêtements de velours doublés de fourrure — des pelisses — prouvent qu'ils sont riches. Il faisait plutôt froid dans les maisons, surtout là où ils habitaient, aux Pays-Bas. L'homme a son chapeau sur la tête, ce qui indique qu'il vient d'entrer ou qu'il va sortir.

✦ **Dans quelle pièce sont-ils ?**
Bien que l'on voie un grand lit rouge à baldaquin, à droite du tableau, cela ne veut pas dire qu'il s'agisse de la chambre à coucher. Dans les maisons élégantes, les meubles de ce genre (qui rappelaient les lits des rois) servaient à décorer la plus belle pièce : personne n'y dormait. Les Arnolfini doivent donc se tenir là où ils ont l'habitude de recevoir leurs invités.

✦ **Il y a des chaussures par terre.**
Les sabots qui sont en bas dans le coin de l'image sont assez grands pour appartenir à monsieur Arnolfini. On les enfilait par-dessus les chaussures qu'on voulait éviter de salir : à cette époque, il n'y avait pas de trottoirs et les rues étaient parfois pleines de boue et de déchets. Giovanni les aura laissés là, près de la porte. Les chaussures rouges, au fond, sont les petites mules légères que Giovanna garde à la maison.

✶ **Des fruits sont posés près de la fenêtre.**
Ils apportent un peu de couleur chaude dans une partie sombre du tableau. Ces oranges, qui venaient d'Espagne, étaient alors très chères. Trop acides pour être mangées, elles servaient à parfumer la maison. Il est possible que la pomme, sur le rebord de la fenêtre, rappelle le jardin du Paradis (elle représente le fruit de l'arbre de la connaissance du bien et du mal).

Un miroir est accroché au mur du fond.

C'est un miroir convexe, fabriqué à partir d'une bulle de verre soufflé. La partie réfléchissante était obtenue par adjonction de plomb. Ce genre de miroir bombé reflète ce qui est en face de lui mais aussi ce qui se trouve sur les côtés, c'est pourquoi on y aperçoit la fenêtre. On y retrouve aussi le couple Arnolfini de dos. Devant eux, on devine deux personnages : l'un en bleu, l'autre en rouge. On pense qu'il s'agit du peintre, accompagné d'un ami ou d'un assistant.

Qu'est-ce qui est écrit au-dessus du miroir ?

Le peintre a signé et daté le tableau comme s'il écrivait directement sur le mur, avec de grandes lettres très ornées. Selon l'usage, il a écrit en latin car c'était la langue savante : « Johannes de eyck fuit hic. 1434 », ce qui signifie : « Jan Van Eyck fut ici. 1434 ». D'ordinaire on inscrivait « fecit » ou « pinxit » (« fit » ou « peignit »), mais ici le peintre a insisté davantage sur l'importance de sa propre présence que sur la réalisation matérielle du tableau.

Que voit-on à côté du miroir ?

Un chapelet. Les plus ordinaires sont en bois, mais celui-ci est précieux, en cristal. Il devait rappeler à la dame de ne pas négliger ses prières, surtout au moment où elle se contemplait dans le miroir. Dans le même but, les dix petits médaillons en émail qui décorent le pourtour de ce miroir décrivent les épisodes de la passion de Jésus-Christ : ainsi, il lui était impossible d'oublier ses devoirs de chrétienne pour s'adonner à la coquetterie...

Pourquoi une bougie est-elle allumée sur le lustre puisqu'il fait jour ?

On n'en est pas absolument certain. Cependant la flamme de la bougie représente souvent la lumière spirituelle : en ce sens elle ne serait donc pas rendue inutile par la lumière du jour. Au contraire, il s'agit de symboliser la complémentarité de deux lumières, celle de la nature et celle de l'âme.

Pourquoi Giovanni Arnolfini lève-t-il la main droite ?

C'est un geste que l'on a du mal à comprendre. Certains historiens ont pensé qu'il était en train de prêter serment, disant « Je le jure » à l'occasion de ses fiançailles ou de son mariage avec Giovanna. En effet, il était alors toléré de célébrer une telle cérémonie chez soi, en l'absence de toute autorité officielle... D'autres études conduisent à penser que le tableau les montre chez lui, juste après le mariage : il accueillerait sa femme en lui souhaitant la bienvenue...

Pourquoi ne sourient-ils pas ?

Il doit s'agir d'un moment particulier dans leur vie, dont ils souhaitent garder le souvenir. Van Eyck les représente d'une façon solennelle pour insister sur cette circonstance qui nous demeure inconnue. Le portrait les montre comme des gens sérieux, conscients de leur importance : la rigidité de leur expression permet aussi au peintre de les décrire plus précisément.

Qui étaient les Arnolfini ?

Giovanni était un riche marchand d'étoffes qui faisait d'importantes affaires avec la cour du duc de Bourgogne. On sait par exemple que onze ans avant la date de ce tableau, il avait vendu à Philippe le Bon un ensemble de tapisseries destinées au pape. Il a joui d'une position de plus en plus éminente, se voyant même élevé à la dignité de chambellan. Giovanna appartenait également à une grande famille de négociants en tissus et fourrures. Leur statut social et leurs moyens financiers expliquent qu'ils aient pu engager pour leur portrait Jan Van Eyck, le peintre personnel du duc de Bourgogne.

D'autres personnes se sont-elles fait peindre de cette manière ?

Non, c'est un tableau unique en son genre. Faire peindre son portrait en pied, c'est-à-dire de façon à être vu en entier, était absolument nouveau. C'est devenu courant par la suite mais pas avant le début du XVIe siècle, soit plus de soixante-dix ans après. Et cette formule est restée longtemps réservée aux personnages princiers ou issus de l'aristocratie...

Est-il exact que Van Eyck ait inventé la peinture à l'huile ?

Non, la peinture à l'huile existait déjà avant lui et depuis plusieurs siècles. Mais il l'a énormément perfectionnée en mettant à profit l'évolution technique de son temps : l'huile que l'on fabriquait alors séchait plus rapidement que celles d'autrefois. Van Eyck a su mettre au point un procédé consistant à superposer de très fines couches de peinture translucide, ce qui lui a permis toutes les nuances de couleurs et d'éclairage. Dans les zones les plus claires, la lumière extérieure au tableau vient frapper le fond blanc par transparence (l'ajout du blanc à une couleur n'étant plus nécessaire pour l'éclaircir, l'intensité de celle-ci demeurait intacte). Dans les parties sombres, les couleurs sont plus opaques. Cette peinture très fluide facilitait une incroyable finesse des détails. Le résultat est aussi lisse et brillant que de l'émail.

Est-il vrai que l'on ne connaît pas exactement le sujet de ce tableau ?

Oui. Beaucoup d'hypothèses ont été examinées, des livres entiers ont été écrits sur ce tableau et pourtant de nombreuses questions sont encore sans réponse : À quelle occasion ce portrait qui ne ressemble à aucun autre a-t-il été peint ? Pourquoi l'homme lève-t-il la main ? Le petit chien est-il seulement un animal de compagnie, le symbole de la fidélité ou les deux à la fois ? Pourquoi le peintre a-t-il signé d'une façon aussi spectaculaire et aussi inhabituelle ? Qui sont vraiment les modèles de ce portrait ? Avec cette peinture, Van Eyck a créé l'un des tableaux les plus énigmatiques que l'on connaisse.

Saint Georges et le dragon

Vers 1455-1460, huile sur toile, 56,5 x 74 cm
National Gallery, Londres, Angleterre
Paolo Uccello (Paolo di Dono, dit Uccello, Florence, 1397 – *idem*, 1475)

3

✦ **Que se passe-t-il dans ce tableau ?**
C'est l'histoire d'un chevalier qui combat un dragon. Le sang de la bête a coulé par terre. La demoiselle qui les regarde est certainement une reine ou une princesse, puisqu'elle porte une petite couronne sur la tête.

✦ **Qui est la jeune fille ?**
La prisonnière du dragon. C'est elle que le chevalier est venu délivrer : la voilà coincée au bord du tableau. Elle a si peu de place qu'elle est toute plate. Le seul autre endroit dans l'image où elle pourrait se réfugier est la caverne, mais elle n'en a sûrement pas envie... Il y fait trop noir...

✦ **D'où vient le dragon ?**
Il est sûrement sorti de la caverne : juste derrière lui, ce doit être l'entrée de sa tanière. Peut-être est-elle immense, encore emplie d'autres terribles créatures...

✦ **Mais les dragons n'existent pas !**
Non, ce sont des animaux imaginaires. Une bête sauvage réelle est déjà bien effrayante. Le dragon, lui, est pire parce qu'il combine tous les aspects redoutables des autres animaux : une énorme gueule avec de grandes dents et des pattes griffues, comme un lion ou un ours, des ailes comme une chauve-souris gigantesque, une queue enroulée comme un serpent, une peau verte comme celle des crocodiles. Il crache même du feu...

✦ **Pourquoi la princesse n'a-t-elle pas peur ?**
Le chevalier est arrivé à son secours et elle a confiance en lui. Maintenant, il n'y a plus rien à craindre. Elle attend patiemment que le combat soit terminé. D'ailleurs, elle tient déjà le dragon en laisse, comme un petit chien.

✦ **Le chevalier va-t-il gagner ?**
C'est sûr. Apparemment, il a déjà fait très mal au dragon. De plus, la couleur blanche de son cheval — le blanc de la plus grande lumière — annonce sa victoire : il saura combattre les ombres de la caverne. Derrière lui, le ciel tourbillonne, un peu comme s'il conduisait toute une armée de nuages à lui seul.

✶ **Comment finit l'histoire ?**
Elle ne finit pas vraiment. Le dragon est blessé mais attention, il ne mourra pas. Cela signifierait que le mal n'existe plus sur terre, ce qui est impossible. On peut lui résister, le contourner, le fuir et même le faire reculer, mais on ne parvient pas à le supprimer pour toujours. La victoire sur le mal n'est jamais définitive. Le chevalier le sait bien : c'est saint Georges, envoyé par Dieu lui-même pour repousser les forces mauvaises.

Saint Georges ne frappe le dragon qu'une seule fois.
Le moment représenté est celui où il porte le coup décisif. Saint Georges ne peut hésiter : en tant que soldat céleste, il ne connaît pas le doute, il sait exactement ce qu'il a à faire et comment il doit le faire. Il remplit sa mission à la perfection.

La scène n'a pas l'air réel.
Le peintre ne peignait pas la réalité, il voulait plutôt raconter une jolie fable. C'est pourquoi son tableau donne l'impression d'un spectacle, joué dans de beaux costumes du Moyen Âge ; saint Georges n'a rien d'un véritable homme de guerre en plein combat, c'est un noble cavalier, tout beau et tout propre. Quant à la princesse, elle ne s'étonne apparemment de rien.

La caverne est bizarre.
Elle ressemble aux grottes artificielles qu'on aménage pour les animaux dans les zoos (les ours, les singes). Ici on dirait du carton ou du papier mâché. Si à cette époque on peignait les cavernes ou les montagnes de cette façon, c'est que l'on prenait pour modèles les décors des fêtes, des spectacles de rues, parfois donnés sur les parvis des églises. Les gens les reconnaissaient dans les tableaux. Cela établissait un lien entre leur vie quotidienne et le monde des images peintes.

Le peintre n'a pas vraiment montré les sentiments des personnages.
Leurs sentiments ne sont pas le sujet du tableau. Il est vrai que le chevalier n'a pas l'air particulièrement satisfait de sa victoire, que la princesse ne montre ni frayeur ni soulagement. Elle n'exprime aucune reconnaissance envers saint Georges : c'est parce qu'il ne s'agit pas de personnes ordinaires plongées tout à coup dans une aventure. Chacun d'eux incarne un principe général : le chevalier représente le Bien ; le dragon, le Mal. Le Bien et le Mal ne cessent de se disputer les âmes humaines, dont la princesse est ici la forme visible.

Le dragon est tout tortillé.
Il s'oppose à la princesse : c'est une forme qui éclate et part dans tous les sens. Sa silhouette est découpée, irrégulière comme les facettes pointues de sa caverne. Il est pétri de contradictions, à la fois serpent, tigre et crocodile : on ne peut se fier à aucune de ses apparences. Les cercles sont rouges et bleus à l'extérieur de ses ailes — du côté de la princesse — et blancs et bleus à l'intérieur — du côté du chevalier — comme des cibles qui changent de couleur selon l'ennemi. Attention, la symbolique négative du dragon n'est valable que pour la tradition occidentale.

Les formes qui composent saint Georges sont toutes arrondies.

Le cavalier ne fait qu'un avec sa monture. Et la nature à son tour ne fait qu'un avec lui, à tel point que les nuages s'enroulent au-dessus de lui. Pour un peu on entendrait le tonnerre. Uccello a articulé son personnage par une série de courbes qui suggèrent sa concentration : l'encolure du cheval, la queue, les pièces de l'armure et bien sûr ces sortes de flocons dans le ciel. Il a construit une mécanique harmonieuse en jouant avec des engrenages. Le mouvement de saint Georges est d'une efficacité absolue, aussi imparable que celui des planètes.

Il fait jour, pourtant on voit la lune...

Tout le tableau se fonde sur l'idée d'opposition et de contraste. Il n'y est question que de combat, un combat qui engage des forces absolues. Il se déroule en même temps le jour et la nuit : le ciel est bleu, mais au-dessus du chevalier apparaît un petit croissant de lune. La nature échappe aux lois habituelles : l'herbe a poussé par plaques, sans recouvrir tout à fait la pierre. La terre féconde avoisine la terre stérile, leurs limites sont claires : ici, les feuilles et les fleurs, ailleurs, la sécheresse du sol ; à gauche, la pesanteur des rochers, à droite, la puissante envolée des nuages qui roulent...

Uccello a-t-il inventé ce sujet ?

Non, l'histoire de saint Georges et de la princesse de Trébizonde a été traitée par de nombreux peintres. Elle est tirée de *La Légende dorée*, écrite par Jacques de Voragine au XIIIe siècle, lui-même s'inspirant de récits beaucoup plus anciens. Uccello a d'ailleurs peint ce sujet deux fois (l'autre tableau, avec le dragon dressé sur ses pattes, est conservé au musée Jacquemart-André à Paris).

De telles images ne visaient pas uniquement à plaire, elles étaient censées rappeler aux gens qu'ils devaient et pouvaient se battre contre le Démon s'ils voulaient sauver leur âme.

La Naissance de Vénus

Vers 1485, *tempera* sur toile, 184,5 x 285,5 cm
Galerie des Offices, Florence, Italie
Botticelli (Sandro di Mariano Filipepi, dit Botticelli, Florence, 1445 – *idem*, 1510)

4

Elle est toute nue !
Bien sûr, elle vient de naître. La jeune femme, auprès d'elle, va l'aider à s'habiller. Cette naissance n'est pas comme les autres : c'est celle d'une déesse que l'on nomme Vénus. La légende rapporte que lorsqu'elle est née, elle était déjà une grande personne.

Où sont ses parents ?
Ils sont présents, mais pas sous forme de personnages. On raconte que Vénus a eu pour parents la mer et le ciel. Or elle vient de sortir de la mer et le vent agite la surface de l'eau en créant de petites vagues bordées d'une fine écume. Aussi, Vénus est-elle parfois dite *La Femme née des vagues*.

Pourquoi Vénus est-elle sur une coquille ?
Si elle nageait, on la verrait moins bien. Le peintre ne doit pas non plus donner l'impression qu'elle fait des efforts, ce ne serait pas adapté pour une déesse. Il lui a donc attribué une sorte de barque issue de la nature, elle aussi. Cette coquille est un bel objet, aux formes délicates et aux couleurs très douces. Elle convient parfaitement à Vénus, déesse de la beauté et de l'amour.

Qui est la jeune fille qui lui apporte un manteau ?
C'est sans doute une des trois Grâces, les compagnes habituelles de la déesse. D'innombrables fleurs ornent sa robe et se répandent autour d'elle parce que Vénus naît au printemps. Elle court avec légèreté, sur la pointe des pieds, pour ne pas manquer l'arrivée de la déesse. Elle lève déjà la main pour poser le manteau sur ses épaules.

Les deux autres personnages sont-ils des anges ?
Non, car le sujet de ce tableau n'est pas religieux. Ils ont des ailes comme les anges parce qu'ils vivent dans les airs : ce sont des vents. L'homme s'appelle Zéphyr et la femme Aura. Ils soufflent doucement sur la déesse pour l'entraîner jusqu'au rivage. Le peintre a matérialisé l'air qui sort de leur bouche par un peu de blanc. Zéphyr se donne beaucoup plus de mal, ou a plus de force... Il fait voler les cheveux de Vénus et le grand manteau rose que tient la Grâce.

Quelles sortes de fleurs y a-t-il ?
Des roses volent autour de Vénus : elle en a toujours près d'elle car elles représentent l'amour et la beauté. Un buisson de roses aurait paraît-il jailli du sol au moment où la déesse posa le pied pour la première fois sur la terre. C'est le printemps, il y a donc aussi des bleuets. Sur la robe de la Grâce, le myrte — qui reste toujours vert même en hiver — évoque l'immortalité.

✶ **Pourquoi les vents n'ont-ils pas la même couleur de peau ?**
Afin de suggérer deux vents de puissances différentes, on a peint un homme et une femme. Selon la tradition, les figures masculines sont représentées avec une peau plus mate, plus sombre, comme bronzée par le soleil. Les figures féminines ont au contraire une peau très claire, comme si elles s'étaient toujours protégées de la lumière, pour sembler plus douces, délicates et fragiles...

✶ **Pourquoi appelle-t-on ce coquillage « coquille Saint-Jacques » ?**
Au Moyen Âge, l'un des pèlerinages les plus importants avait pour but le sanctuaire de Saint-Jacques-de-Compostelle, en Espagne : selon la légende, saint Jacques le Majeur (mort à Jérusalem en 44) y était enterré. Les pèlerins, qui s'y rendaient au prix de longues semaines de marche, avaient l'habitude de ramasser un coquillage au bord de la mer... Par la suite, on en a fabriqué en plomb,les gens n'avaient plus qu'à les acheter. En rapportant ce souvenir chez eux, ils donnaient aussi la preuve qu'ils n'avaient pas renoncé en chemin... D'où le nom de « coquille Saint-Jacques ».

✶ **Vénus a un visage rêveur.**
Elle est pensive. Elle ne regarde rien, son esprit est ailleurs, un peu comme celui d'un voyageur qui se rappelle l'endroit qu'il a laissé derrière lui, là-bas au loin. Cet air rêveur est un indice que nous donne le peintre : il ne suffit pas de constater la beauté de la déesse, il faut aussi comprendre que cette beauté vient d'un monde différent, inconnu et inaccessible, où tout est sûrement parfait, comme elle.

✶ **Les vagues ne sont pas très ressemblantes.**
Le paysage n'est pas le sujet principal du tableau. Aussi le peintre s'est-il contenté d'indiquer la mer, sans chercher à la reproduire en détail. Les vaguelettes sont comme écrites à la surface de l'eau : elles n'imitent pas la nature, elles en signalent le mouvement. Botticelli était d'ailleurs tellement indifférent à la vraisemblance qu'il a peint là des ajoncs qui ne poussent qu'au bord des lacs...

✶ **Pourquoi la déesse se tient-elle sur une seule jambe ?**
Cette posture se nomme *contrapposto* (le mot est italien, mais on l'utilise dans toutes les langues). C'est celle de nombreuses statues antiques, et la peinture s'en est souvent inspirée. Elle donne une silhouette souple et flatteuse, beaucoup plus élégante que si le personnage se tenait tout raide, campé sur ses deux jambes. Aujourd'hui encore, et pour les mêmes raisons, les top models, dans les défilés ou sur les photos publicitaires, continuent de prendre cette attitude déhanchée...

✶ **Vénus dissimule en partie son corps avec ses mains et ses cheveux.**
La tradition veut qu'elle reste convenable. Son geste est calqué sur celui d'une statue antique que l'on appelle *Venus pudica* (en latin, *pudica* signifie chaste, vertueuse, modeste). Il n'y a pas une grande différence avec ce que cacherait un

très petit maillot de bain. Le mouvement des bras qui apporte une légère animation au personnage permet au peintre de donner aux mains une position vraisemblable, ce qui n'est pas si facile (c'est également pourquoi on représente parfois Vénus en train de soulever ses cheveux mouillés)...

✷ **Pourquoi n'y a-t-il presque pas d'ombre dans ce tableau ?**

Tout a été peint dans des couleurs claires et tendres, pour mieux exprimer la beauté extraordinaire de l'apparition. La tonalité du corps de Vénus fait penser à de la nacre, à des perles... Elle est radieuse. L'image montre le monde transformé par cette lumière. La partie droite est un peu plus sombre, avec les orangers, mais tout laisse présager que Vénus va chasser l'obscurité...

✷ **Vénus est-elle toujours représentée nue ?**

Elle est presque toujours nue car elle possède une dimension surnaturelle. Rien de ce qui fait souffrir les humains ne peut l'atteindre, ni le froid, ni les blessures... En tant que déesse de la beauté, elle doit pouvoir montrer des proportions parfaites. Pour un peintre, comme pour un sculpteur, savoir représenter l'anatomie était indispensable. De plus, à l'époque de Botticelli, on estimait que le Beau, le Bien et le Vrai étaient inséparables. L'image de Vénus traduit à la fois la beauté du corps et celle de l'esprit.

✷ **Les personnages ont l'air d'être « collés » sur le paysage.**

C'est l'effet provoqué par les contours très accentués des personnages : on peut suivre la ligne sombre qui délimite chaque figure et semble la découper. Le corps rigoureusement circonscrit apparaît ainsi comme une prison pour l'esprit : il l'enferme littéralement durant la vie. Cette conception prédominait à Florence au XVe siècle. Elle était due aux philosophes néo-platoniciens, proches de la famille des Médicis qui employait Botticelli. Ce dernier avait souvent l'occasion de les côtoyer et sa peinture est profondément imprégnée de leurs idées. La mélancolie de Vénus trouve là une explication : c'est uniquement par le regard que son esprit peut s'échapper du corps qui le retient...

✷ **Ce tableau est-il très célèbre ?**

Oui, c'est même l'une des œuvres les plus célèbres de l'histoire de la peinture : elle glorifie une notion fondamentale, l'apparition de la Beauté sur la terre. Au-delà du sujet précis, cet hommage à la grâce est rendu par des formes si simples qu'on a l'impression que tout est facile. Elles coulent comme une mélodie. Auparavant, le seul corps féminin montré par les artistes était celui d'Ève, tentée par le serpent ou chassée du Paradis parce qu'elle avait désobéi à Dieu. Sa nudité était associée à la honte d'être une créature faible. Ici, et pour la première fois, c'est le contraire. Vénus est lumineuse, l'image emplie d'allégresse : Botticelli autorise à considérer l'harmonie du corps et de l'esprit comme une réalité.

Les Tentations de saint Antoine

Vers 1505-1506, triptyque, huile sur bois, compartiment central 131,5 x 106 cm,
Museu Nacional de Arte Antiga, Lisbonne, Portugal
Hiéronymus (Jérôme) Bosch (Bois-le-Duc, 1453 ? – *idem*, 1516)

5

Il y a du monde partout !

C'est bien là le problème. Le tableau montre ce qui arrive à un homme parti dans le désert pour être seul; au lieu de cela, il se retrouve envahi de tous les côtés et ne sait plus où se tourner pour avoir la paix.

Que raconte ce tableau ?

Il raconte un épisode de l'histoire de saint Antoine le Grand, qui vivait au IVe siècle en Égypte (251 ? - 356). Celui-ci avait choisi de s'éloigner du monde, de se priver de tout afin de prier continuellement. Mais son esprit était troublé, des quantités de pensées l'empêchaient de se concentrer. Elles n'arrêtaient pas de le tourmenter. Le peintre les a représentées comme des petits personnages : ce sont eux que l'on voit partout...

Où est saint Antoine ?

Il est montré une fois sur chacun des trois panneaux qui composent cette œuvre. Sur l'image principale, il est tout petit, exactement au milieu. Il est agenouillé, vêtu de bleu avec un capuchon. Son visage tourné vers le spectateur essaie peut-être de ne pas voir toutes les horribles créatures qui l'entourent.

Le tableau est rempli de monstres.

Il grouille de monstres pour faire comprendre au spectateur ce qui se passe dans l'esprit du pauvre saint Antoine. Il y en a de toutes les formes, dans l'eau, sur la terre, dans les airs et même jusque dans les flammes, au loin. Impossible de leur échapper : ils marchent, ils rampent, ils volent, ils nagent, ils crachent du feu...

Il y a beaucoup de rouge dans l'image.

Le rouge donne du mouvement. Le peintre l'a réparti en plusieurs endroits, pour que les yeux ne puissent pas se reposer : à gauche, c'est la grosse fraise d'où sortent des personnages ; au milieu en bas, c'est une barque avec une tête de poisson et une cape. Sur la droite on voit arriver une sorte de souris qui porte une étoffe écarlate... Grâce à tout ce rouge, on sent qu'il fait chaud dans le tableau. Saint Antoine a peut-être de la fièvre, il délire... Au fond, c'est tout un village qui disparaît dans les flammes.

Pourquoi le tableau est-il en trois morceaux ?

On appelle ce genre de tableau un *triptyque*. Le panneau central est deux fois plus large que les deux autres, qui sont des *volets* pouvant se refermer : les trois images sont alors cachées. Suivant les moments, on ouvrait ou fermait le triptyque, comme une armoire. Lorsqu'il était fermé, la peinture était protégée. De plus, puisqu'elle n'était pas constamment visible, c'était toujours un peu une surprise chaque fois qu'on la regardait.

✶ **Tous les personnages sont bizarres.**

Ils sont terrifiants parce que l'on ne sait pas ce qu'ils sont exactement. Leur donner un nom, les ranger dans une catégorie, est impossible. Face à saint Antoine, une tête d'homme est directement posée sur des jambes ; derrière lui, quelqu'un avec un groin de cochon... Chacun est composé d'éléments qui ne vont pas ensemble. Tout se passe comme si le peintre avait assemblé des pièces détachées dans le désordre pour créer ses personnages. Et le plus horrible est que ces morceaux désaccordés vivent quand même.

✶ **Le paysage, au fond et à droite, est le seul endroit calme.**

Au loin, tout semble paisible : une fois cette terrible épreuve passée, le monde de saint Antoine, c'est-à-dire son esprit, retrouvera enfin sa tranquillité. On comprend qu'il surmontera « ses démons », lui qui est habillé de ce bleu-vert si particulier visible à l'horizon. Même si tout lui fait obstacle, c'est bien dans cette direction-là qu'il est tourné. Une ligne droite pourrait être tracée qui le relierait directement au lointain (en passant par la petite chapelle où le Christ désigne un crucifix). Ce paysage n'est pas encore accessible mais saint Antoine finira par l'atteindre...

✶ **Pourquoi saint Antoine est-il si difficile à trouver dans l'image ?**

Avant tout, le tableau décrit le chaos qui règne dans la tête du saint. Ce n'est qu'ensuite que l'on découvre le personnage lui-même. Par ce moyen, le peintre exprime le but poursuivi par les démons : ils veulent toute la place, ils arrivent presque à rendre saint Antoine invisible. Pour un peu, ils réussiraient à le convaincre, et nous avec, qu'il n'existe rien d'autre qu'eux au monde... Le tableau est une sorte de piège à déjouer, une chasse au trésor. Et le « trésor », bien sûr, c'est saint Antoine.

✶ **On a les yeux attirés dans tous les sens.**

Jérôme Bosch a tout fait pour que l'image ne soit pas aisément déchiffrable. Il est impossible de la regarder en suivant la logique d'un récit : on commence par un personnage, on enchaîne sur un autre, puis sur un troisième et très vite, on s'affole et on s'embrouille ; on oublie d'où l'on vient... Le tableau empêche d'avoir « de la suite dans les idées ». Il nous montre au contraire que le monde nous égare sans cesse et qu'il faut une forte volonté pour y garder le cap, comme le fait saint Antoine.

Les tableaux de Jérôme Bosch sont-ils les seuls où l'on voit des démons ?

Non. On avait l'habitude d'en peindre lorsqu'on représentait l'Enfer, mais ceux de Jérôme Bosch sont les plus variés, les plus compliqués, les plus surprenants et souvent les plus drôles que l'on ait jamais vus. En outre, il est frappant que ses diables, au lieu d'occuper l'Enfer, c'est-à-dire l'Au-delà, soient mêlés à la vie terrestre. Ce n'est pas une simple fantaisie de la part du peintre. Il traduit ainsi une notion très présente dans la mentalité du XVIe siècle, celle de l'emprise permanente du Mal sur le monde. La façon dont les démons investissent les quatre éléments (feu, air, eau, terre) aux quatre coins du tableau est à ce titre significative.

Les gens n'étaient-ils pas choqués par de tels tableaux ?

Jérôme Bosch a peint pour des églises, il était très pieux, extrêmement respecté de ses concitoyens. Il est cependant possible que ses « diableries », destinées à des amateurs éclairés, aient été vues en leur temps par assez peu de monde. Les ressources personnelles de ce peintre lui ayant permis une certaine indépendance par rapport à la commande, il choisissait les sujets qui lui plaisaient... Cela étant, quelque temps après, son plus grand collectionneur fut le roi Philippe II d'Espagne (1527-1598), un catholique acharné : quelle qu'ait pu être l'extravagance de ces tableaux, on savait très bien y reconnaître les « tentations » infernales qu'elles incitaient à éviter. De telles images constituaient d'abord un avertissement moral.

Jérôme Bosch est-il représentatif de son époque ?

Il a certes créé des images insolites, mais qui s'inscrivaient parfaitement dans les idées de son époque. Ses tableaux traduisent la conscience aiguë des tumultes de ce début du XVIe siècle : la fin du monde avait déjà été prédite pour l'année 1500, l'Église était engagée dans une crise profonde qui allait mener à la réforme protestante, la société se trouvait désorientée, disloquée. Par ailleurs, ses œuvres supposaient toujours une réflexion qui relève foncièrement de la pensée chrétienne, la pensée dominante de son temps.

Peut-on dire que Jérôme Bosch a peint des tableaux « surréalistes » ?

Non, car le surréalisme est né seulement après la Première Guerre mondiale. Mais il est clair que les tableaux de Jérôme Bosch ont été une source d'inspiration pour les artistes du XXe siècle qui lui ont emprunté des motifs et des mécanismes (intervertir contenu et contenant, opérer des rapprochements incongrus, remplacer le dur par le mou, le solide par le liquide, etc.). Si les rapports formels entre l'art de Bosch et l'art moderne ont donc été fréquents, cela ne signifie pas qu'il se soit montré « surréaliste » avant l'heure, c'est que les surréalistes — utilisant certaines de ses trouvailles pour traduire un autre propos — lui sont redevables.

Monna Lisa ou *La Joconde*

Vers 1503-1506, huile sur bois, 77 x 53 cm
Musée du Louvre, Paris, France
Léonard de Vinci (Leonardo di ser Piero da Vinci, Vinci, près de Florence, 1452 – Amboise, 1519)

6

✦ **Qui est cette femme ?**

Elle vivait il y a cinq cents ans, en Italie. Son prénom est Lisa, mais on l'appelait Monna Lisa, c'est-à-dire « madame Lisa ». En France, on l'appelle plutôt « la Joconde », car son nom de famille, en italien, était « del Giocondo ».

✦ **Qui l'a peinte ?**

C'est Léonard de Vinci qui a fait son portrait. Il était déjà extrêmement connu à ce moment-là. Il vivait dans la même ville qu'elle, à Florence.

✦ **Il n'y a pas beaucoup de couleurs.**

Léonard de Vinci n'utilisait pas trop de couleurs différentes, surtout pas de couleurs fortes. Il préférait les images douces pour les yeux. Sur sa peinture, ils peuvent passer d'une chose à l'autre en glissant, ça devient comme une caresse, comme du nuage.

✦ **Pourquoi le tableau est-il sombre ?**

La peinture était certainement moins sombre au départ, mais avec le temps, elle a vieilli. Au lieu de prendre des rides, comme les gens, elle est devenue plus foncée et elle s'est craquelée. La couche de vernis qui protège le tableau a changé aussi et a bruni. Monna Lisa avait sans doute le teint bien plus clair avant, elle devait avoir bonne mine. Et le ciel derrière elle était plus bleu.

✦ **On dirait qu'elle n'a pas de cheveux.**

Si, elle en a ; mais à son époque, la mode voulait que l'on s'épile les cheveux très haut sur le front pour avoir le visage dégagé. Si elle pouvait nous voir et donner son avis, elle serait peut-être horrifiée par nos coiffures. Elle nous trouverait drôlement ébouriffés...

✦ **Est-ce que Léonard de Vinci l'a peinte parce qu'il la trouvait belle ?**

On ne sait pas s'il la trouvait forcément belle. Il l'a peinte parce que le mari de Monna Lisa lui avait commandé ce portrait et il est probable qu'à l'époque, on devait la trouver agréable à regarder. Sinon, son époux n'aurait pas été fier d'elle au point de la faire peindre...

✦ **Pourquoi dit-on toujours de la Joconde qu'elle est belle ?**

Peut-être plaît-elle à beaucoup de gens, tout simplement. Peut-être aussi que l'ayant entendu dire, on le répète par habitude, sans se poser de question. Peut-être encore confond-on le tableau et son sujet : dire que le tableau est beau revient dans ce cas à dire que la femme représentée est belle aussi. Or ce sont deux choses distinctes : il s'agit d'un tableau qui représente une femme, pas d'une femme en chair et en os... C'est le tableau qui est connu dans le monde entier, pas la femme. Quand on dit « Monna Lisa » ou « la Joconde », ce n'est pas la femme qu'on évoque ni ce qu'elle était, son caractère, l'endroit où elle vivait : on parle de cette peinture-là, de ce portrait.

✶ Pourquoi ce tableau est-il tellement connu ?

C'était la première fois qu'un portrait donnait à ce degré l'illusion de la vie : au lieu de la peindre avec des traits figés comme l'aurait fait un autre peintre, Léonard de Vinci a donné à Monna Lisa une expression fugace, une sorte de demi-sourire dont on ignore s'il commence ou s'il finit… Autour de cette femme, bien que tout soit tranquille, la lumière est elle aussi en train de changer. Personne n'avait jamais vu une telle image, capable de suggérer le temps qui passe…

✶ Qu'y a-t-il derrière Monna Lisa ?

Elle est assise dans une loggia, une sorte de balcon, et elle se tourne vers nous, comme si nous étions avec le peintre à l'intérieur de la maison. Derrière elle, on voit donc le paysage qu'elle regarde d'habitude : des vallées, un fleuve avec un pont, des chemins qui vont jusqu'au fond. Bien que seule à être représentée dans le tableau, elle n'est pas séparée du reste du monde.

✶ Pourquoi Léonard de Vinci ne peignait-il pas avec plus de précision ?

Dans la réalité, on ne voit pas tout parfaitement, surtout pas les détails du lointain. Léonard a traduit cela honnêtement : c'est pourquoi il n'a presque pas dessiné de contours, de lignes dures entre les différents éléments. On ne distingue pas vraiment les limites de chaque forme, on les imagine plus qu'on ne les voit, parce qu'elles se perdent dans une sorte de brume. Les montagnes du fond sont tellement floues qu'elles se confondent presque avec le ciel… Cette technique a été nommée *sfumato* (*dégradé* en italien).

✶ Les mains sont très bien éclairées.

Elles ont leur rôle à jouer dans ce portrait : certaines personnes agitent leurs doigts, tripotent quelque chose, ont les mains crispées même si le reste de leur corps a l'air détendu. Monna Lisa, elle, est tout à fait paisible, au plus profond d'elle-même. Posées sagement l'une sur l'autre, ses mains si calmes en sont la preuve.

✶ Ce tableau n'est pas gai.

Il donne cette impression par rapport à d'autres tableaux de la même époque, plus lumineux, éclatants de couleur, qui n'expriment pour autant aucune gaieté particulière. En effet, la lumière et l'ombre étaient alors considérées d'abord comme des symboles, la lumière représentant le Bien (c'est-à-dire Dieu) et l'ombre, le Mal. On peignait donc le moins d'ombre possible. Léonard a fait une chose incroyablement nouvelle en donnant à l'une et à l'autre une importance égale dans ses tableaux : cela procédait d'une vision scientifique et non plus seulement religieuse.
D'un côté ce qui est éclairé, qui se voit, s'observe, se comprend, et de l'autre ce qui est obscur, qui échappe, qu'on ne sait pas…

✱ **D'autres peintres ont-ils peint à la manière de Léonard de Vinci ?**

Personne n'a jamais pu égaler son fameux *sfumato*. Mais peu à peu, grâce à lui, les peintres ont donné aux ombres un rôle de plus en plus grand. Surtout, on a pris l'habitude de composer les portraits comme lui : le corps du personnage formant un grand triangle comme une pyramide. Les pyramides d'Égypte étaient des symboles solaires, comme des rayons de soleil fixés dans la pierre. C'est pourquoi elles évoquent l'éternité… À l'époque de Monna Lisa, on employait le triangle pour la mise en place de sujets sacrés, comme une *Vierge à l'Enfant* par exemple. Une fois encore, voilà que Léonard de Vinci, en utilisant ce schéma pour un portrait, avait changé les règles…

✱ **Le tableau a-t-il eu beaucoup de succès à l'époque de Léonard de Vinci ?**

Oui, beaucoup. Tout y était nouveau : la composition pyramidale, l'idée de montrer le modèle dans un lieu réel et vivable, la manière de le relier au paysage, les nuances de l'éclairage (le clair-obscur), la sensation d'un instant éphémère rendue par l'expression passagère de Monna Lisa… Ces innovations n'étaient pas seulement d'ordre technique, elles traduisaient avant tout une certaine conception du monde. Cette femme, qui apparemment n'a rien d'exceptionnel, figure l'humanité tout entière : inscrite dans l'éternité mais soumise à la durée, partagée pour toujours entre une lumière qui passe et l'ombre qui garde ses secrets.

✱ **Léonard de Vinci a-t-il peint beaucoup de tableaux ?**

Non, car la peinture n'était pour lui qu'une activité parmi d'autres. On ne connaît aujourd'hui pas plus d'une douzaine de ses œuvres. Il a en revanche laissé des quantités de dessins et de notes qui montrent à quoi il se consacrait sans cesse : l'étude du corps humain (l'anatomie), de la terre (la géologie), des plantes (la botanique), des astres (l'astronomie), l'optique… Tous les phénomènes de la nature le passionnaient, jusqu'au plus infime, et en particulier tout ce qui concernait le mouvement : la poussière d'une bataille, un vent d'orage, la lumière du crépuscule, une grimace ou un sourire… Il était sculpteur et architecte aussi bien que peintre et même ingénieur. Il a inventé des machines volantes, mis au point des fortifications, des machines de guerre… Tout était bon pour approfondir sa connaissance et sa compréhension du monde. Dans ses recherches, *La Joconde* a si bien marqué une étape qu'il a conservé le tableau jusqu'à sa mort. Monna Lisa n'a donc jamais reçu son portrait. Plus que son image, le tableau incarnait la pensée de Léonard de Vinci lui-même…

Saint Jérôme dans un paysage

Vers 1520, huile sur bois, 74 x 91 cm
Musée national du Prado, Madrid, Espagne
Joachim Patinir (ou Patenier, Dinant ou Bouvignes, entre 1475 et 1485 – Anvers, 1524)

7

✦ **Voilà un grand paysage avec des petits villages.**

La nature est visible jusqu'à l'horizon. Ici et là de petites maisons forment des villages avec des châteaux. Il y a des montagnes et des forêts, un lac vert clair à droite. Au fond, on arrive à la mer.

✦ **Qui est le vieil homme assis dans la cabane ?**

C'est saint Jérôme. Il avait décidé de s'isoler loin des villes, en pleine nature, pour réfléchir sans être dérangé : il se fait tout petit dans le tableau. En le voyant dans son coin, on comprend qu'il a envie d'être tranquille.

✦ **Saint Jérôme a un animal avec lui.**

Il est en train de soigner un lion qui a une épine dans la patte. Le lion, reconnaissant, deviendra son animal de compagnie, comme un chien. On les représente d'ailleurs toujours ensemble. Le lion est encore présent plus loin vers la droite ; il bondit à la rencontre d'un petit âne qui transporte du bois, non pour le dévorer mais parce que saint Jérôme le lui a confié. Il doit mener l'âne au pâturage et veiller à ce qu'il ne lui arrive rien.

✦ **Dans ce tableau, il y a surtout du vert, du bleu et du marron.**

Ce sont les couleurs de l'herbe et des arbres, de la mer et du ciel, de la terre et des rochers. Mais le peintre ne les a pas utilisées d'une façon uniforme. Dans chacune de ces couleurs, il y a des quantités de nuances : par exemple, au lieu d'appliquer un seul ton de vert, il en a posé des dizaines, tous différents, si bien que selon les endroits, l'atmosphère change. On sent la chaleur du soleil, on se retrouve au frais à l'ombre des feuillages...

✦ **Ce sont de drôles de montagnes.**

Le peintre a mélangé la réalité et l'imaginaire. Il a certainement observé de vrais rochers dans la nature, mais il a aussi rapporté chez lui des cailloux, de petits morceaux de roches dont la forme lui plaisait. Il les a reproduits sur son tableau, et ces petites pierres ont pris l'allure de grandes montagnes aux formes extraordinaires...

✶ **Ce paysage existe-t-il quelque part ?**

Non, on pourrait parcourir la terre entière sans jamais le trouver.
Pourtant, certains éléments qui le constituent sont empruntés à la réalité : ainsi, le peintre était né dans une région de la Meuse célèbre pour ses falaises et ses grottes. Plus tard, il était allé dans le sud de la France, aux Baux-de-Provence : ces paysages l'ont inspiré. Il a choisi une forme ici, un détail ailleurs, des arbres, des maisons, des buissons, le bord de la mer, un nuage, une petite cabane...
Et avec tous ces matériaux il a composé son tableau.

D'un côté du tableau tout est pointu et de l'autre tout est plat...

L'image est composée de façon à suggérer différents aspects de l'existence. À gauche, les formes sont compliquées, en hauteur. Il y a une grande église et quelques maisons au sommet de la montagne ; pour parvenir à ce monastère (la maison des moines où vit saint Jérôme) il faut grimper, c'est difficile et fatigant. Dans la partie droite du tableau tout est paisible, la campagne est douce. Autrement dit, à certains moments, tout est pénible, il faut résister aux difficultés ; à d'autres moments tout va bien, tout paraît simple.

Saint Jérôme est minuscule dans le tableau ; cela signifie-t-il qu'il n'est pas important ?

Non, pas du tout. Il est placé au premier plan, il faut donc passer par lui pour entrer dans l'image. Ensuite seulement on peut avancer. Le paysage peut se comprendre comme le symbole de ses pensées : la méditation de saint Jérôme est parfois tranquille comme les vallées, mais il lui arrive de buter sur une idée, d'hésiter. C'est alors comme un chemin biscornu et semé d'obstacles dont il ne voit pas le bout... Se promener dans ce tableau, c'est un peu entrer dans son esprit.

Peint-on toujours saint Jérôme dans un paysage ?

Non, ce n'est qu'une des deux représentations habituelles de saint Jérôme. L'autre le montre en train de travailler dans son cabinet d'études (son bureau). Il écrit, il lit ou il réfléchit. En tant qu'intellectuel (il a traduit la Bible en latin à partir des textes grecs et hébreux) et en tant que moine (il a vécu en ermite, c'est-à-dire seul dans le désert pour se consacrer à la prière), il illustrait des aspects différents et complémentaires de la vie religieuse.
Cela a donné aux peintres l'occasion d'imaginer diverses mises en scène.

On voit une petite croix près de saint Jérôme.

C'est un crucifix. Sans nécessairement connaître l'histoire du personnage, on comprend grâce à cela qu'il s'agit d'un religieux chrétien. Cette croix où l'on voit Jésus est posée contre le rocher, face à saint Jérôme comme si tous les deux entretenaient une conversation. À côté du vieil homme est posé un crâne, un objet souvent représenté dans les tableaux religieux : il évoque la mort du premier homme, Adam.
Crâne et crucifix symbolisent l'un le péché originel, l'autre la Rédemption.

Où vivait saint Jérôme en réalité ?

Il a vécu essentiellement à Rome et en Orient, dans le désert de Syrie pendant cinq ans, puis à Bethléem, en Palestine, où il a fondé un monastère. Il y est mort en 420. Bien entendu, le tableau n'a aucun rapport avec ces lieux puisque Joachim Patinir n'était jamais allé en Orient et qu'il ne connaissait rien du désert. Ce paysage verdoyant a pour fonction de souligner que saint Jérôme se retrouve loin des villes et de leur tumulte. À l'époque de Patinir, cela suffisait à faire comprendre qu'il s'agissait d'un « désert ».

✷ **Pourquoi le peintre a-t-il donné plus d'importance à la nature qu'au personnage ?**
Joachim Patinir vivait au temps des Grandes Découvertes. Grâce aux expéditions de Christophe Colomb, de Vasco de Gama et de beaucoup d'autres, on savait désormais qu'il existait de lointaines contrées pleines de richesses surprenantes. Les conquistadors partaient à la recherche de l'or en Amérique, l'Europe occidentale étendait sa domination de plus en plus loin sur la terre... Les grands espaces de Joachim Patinir sont le reflet de cette nouvelle conception du monde. Avec lui, le tableau devient l'espace du voyage et de l'aventure.

✷ **Il faudrait beaucoup de temps pour se promener dans ce paysage.**
C'est l'une des idées importantes de cette peinture. À mesure que l'on découvre l'espace du tableau, on peut aussi percevoir que le temps passe. Il n'y a pas de chemin direct, mais des détours, des retards... L'image propose des chemins, des trajets. On peut s'imaginer dedans, choisir une direction, s'en aller vers l'inconnu. Jusqu'au fond de l'image s'ouvrent des possibilités nouvelles, des promesses : il suffit de s'embarquer sur un des navires que l'on voit là-bas... Pour Joachim Patinir, qui vivait à Anvers, l'un des ports les plus importants de l'époque, c'était sans doute une image familière.

✷ **En allant vers l'horizon, le paysage devient turquoise...**
C'est une couleur rare dans la nature mais elle apparaît dans presque tous les tableaux de Joachim Patinir. Puisqu'elle résulte d'un mélange de vert et de bleu, elle tient autant de la végétation que du ciel : le vert des prairies devient bleu et léger comme l'air... À moins que le bleu du ciel ne prenne peu à peu la couleur des feuillages. Tout se passe comme si la nature avait changé d'avis, transformant les couleurs que l'on connaissait depuis toujours. Un paysage qui vire au turquoise a quelque chose de magique...

✷ **Il est difficile de savoir si c'est un tableau religieux ou un paysage...**
C'est à la fois l'un et l'autre. La figure du saint donne à l'image son fondement religieux et le paysage peut s'interpréter comme une métaphore du cheminement spirituel vers la sérénité. Cependant l'histoire de saint Jérôme fournit un prétexte parfait à la représentation de la nature : au lieu d'être un simple fond de décor, elle est vue ici comme un espace sans limites. Joachim Patinir a inventé un nouveau type de tableau. Il dépend encore de la tradition des sujets sacrés, mais donne la priorité à la nature. C'est avec lui qu'est vraiment née la peinture de paysage.

Portrait de Charles Quint à cheval

1548, huile sur toile, 332 x 279 cm
Musée du Prado, Madrid, Espagne
Titien (Tiziano Vecellio, dit Titien, Pieve di Cadore, 1488/1489 – Venise, 1576)

8

✦ **C'est un grand tableau !**

Il a été peint pour un palais, avec des murs très hauts et très larges. Avec un tel format, on pouvait le voir très facilement. Plus petit, le tableau aurait été moins impressionnant. On ne l'aurait peut-être pas remarqué au milieu des autres.

✦ **Qui est le chevalier ?**

Ce n'est pas un chevalier ordinaire, mais un empereur qui régnait sur plusieurs pays à la fois (l'Espagne, les Pays-Bas, l'Allemagne, l'Autriche, une partie de la France et de l'Italie actuelle). Il s'appelait Charles Quint (1500-1558), ce qui veut dire Charles le cinquième (avant lui, il y avait déjà eu quatre empereurs qui se nommaient Charles).

✦ **Fait-il la guerre ?**

Oui : il porte une armure très précieuse, une lance et son cheval est protégé par un caparaçon rouge (une sorte de cape). Il vient de gagner une bataille très importante. Pour garder un souvenir de cette victoire, il a demandé à Titien, son peintre préféré, de venir le rejoindre et de peindre son portrait. Dès lors, tous ceux qui verront le tableau sauront qu'il était un grand soldat.

✦ **Où est son armée ?**

Elle ne doit pas être loin, mais il n'avait pas envie qu'elle soit dans l'image. Il préférait que le tableau le représente seul. Il n'a pas souhaité non plus faire peindre les combats. Le tableau est fait pour donner l'idée de son pouvoir, non pour représenter avec exactitude ce qui s'est passé.

✦ **Il a l'air de sortir de la forêt.**

Pendant longtemps, les forêts ont fait peur aux gens : il y fait noir, et à cette époque, on pouvait y rencontrer des bêtes sauvages ou s'y faire attaquer par des brigands. En peignant ces arbres derrière le roi, Titien montre que Charles Quint possède un courage exceptionnel, qu'il est capable de traverser tranquillement un endroit où nul n'oserait s'aventurer.

✶ **On a l'impression que la bataille n'a pas encore commencé.**

C'est parce que le cheval piaffe, il est impatient de galoper. Le roi le retient, il le laissera bientôt s'élancer. Ainsi il fait preuve de sagesse : il sait prendre son temps, éviter la précipitation tout en demeurant sur ses gardes. Il se tient prêt à engager le combat à l'instant précis où il le faudra.

✶ **Qui vise-t-il avec sa lance ?**

Personne en particulier. Il n'a pas besoin de le faire, on imagine qu'il est capable d'affronter tous les périls et tous les ennemis quels qu'ils soient. Il se tient très droit, tout à fait calme. C'est juste avant l'attaque. La lance pointée vers le haut traduit l'ardeur du guerrier au combat.

✱ **Il y a beaucoup de nuages dans le ciel.**

Cela évite la monotonie. Le peintre anime son tableau avec un ciel qui bouge, qui change de couleur. L'horizon est encore tout ensoleillé, le jour va bientôt finir : une manière de souligner que le roi, plein de vigueur et d'énergie même à l'heure où le soleil se couche, veillera jusqu'à la dernière minute.

✱ **Le cheval ne pouvait pas conserver cette pose pendant que le peintre travaillait.**

Bien sûr que non. En général, on faisait poser le modèle sur un faux cheval, pour l'allure générale, et on affinait les détails plus tard. Le roi lui-même ne posait ni trop souvent ni trop longtemps, il avait autre chose à faire. Au peintre de se débrouiller pour que le résultat soit harmonieux et qu'on ne se rende pas compte qu'il avait travaillé par petits morceaux.

✱ **Le tableau a-t-il été peint dehors ?**

Cela n'aurait pas été très pratique, surtout avec un tel format. Titien travaillait dans un atelier, comme on le faisait à cette époque. Personnages et paysage étaient peints séparément. Après avoir choisi un fond assez général, une vue de la campagne, il l'organisait par rapport à son sujet principal. D'ailleurs, on ignore si l'endroit, ici, ressemble à celui où s'est réellement déroulée la bataille.

✱ **Pourquoi Titien a-t-il peint l'empereur à cheval ?**

Son but était de créer une représentation capable de suggérer l'immense pouvoir de Charles Quint. Il lui fallait trouver quelque chose de nouveau, de vraiment spectaculaire. Il a donc transposé en peinture ce qui existait en sculpture depuis l'Antiquité : la statue équestre. Plus précisément, il s'est inspiré de celle de Marc Aurèle, un empereur romain célèbre pour sa sagesse, en la modifiant pour insister sur l'action. Le portrait de Titien commémore un moment particulier de la vie de Charles Quint, mais il entend surtout souligner les qualités communes aux deux empereurs, le courage, la grandeur, la réflexion...

✱ **Y a-t-il beaucoup de portraits équestres ?**

Oui, par la suite, tous les rois, imitant Charles Quint, se sont fait peindre à cheval. Ce type de portrait était devenu le symbole indispensable de leur puissance. Dans le sillage de Titien, d'autres peintres ont imaginé des variantes tant pour l'attitude du cheval que pour l'allure du cavalier.

À chaque nouveau tableau, on mettait en valeur des aspects différents du modèle, sa noblesse, son élégance, son enthousiasme... Puis de grands personnages qui n'étaient ni empereurs ni rois se sont fait également représenter de cette manière. C'était moins cher et moins encombrant qu'une statue...

En fait le cheval n'est pas très grand.

Si le peintre avait donné au cheval une taille proportionnée à son cavalier, celui-ci aurait occupé moins d'espace dans le tableau. Sa majesté en aurait été diminuée. On aurait peut-être remarqué l'animal avant l'homme, ce qui serait absurde étant donné la fonction même du portrait équestre. Alors on truque la réalité. Mais ça n'apparaît jamais au premier regard. On s'en rend rarement compte.

L'armure et la lance étaient vraiment ainsi, ou bien le peintre les a-t-il inventées ?

L'armure est exactement celle que portait Charles Quint à Mühlberg, lors de sa victoire sur les protestants. Il fallait qu'on puisse la reconnaître et l'admirer dans un portrait, elle faisait partie des possessions du roi et c'était une pièce unique, très richement travaillée. Mais l'essentiel, c'est la lance : selon la légende il s'agirait de la « Sainte Lance » avec laquelle le flanc du Christ sur la croix avait été percé. Quarante-cinq empereurs ont possédé cette relique extraordinaire. On dit que Charlemagne la gardait toujours près de lui, même quand il dormait, comme un véritable talisman.

Quand on regarde le tableau de plus près, l'empereur est moins impressionnant.

Cela revient à approcher un personnage officiel : derrière une fonction, on découvre un être aussi fragile que les autres. Le peintre a joué de toutes les nuances de couleur et de lumière. Ses coups de pinceau sont très légers, on croirait que la toile bouge. De tels détails, presque imperceptibles, donnent au personnage une dimension plus humaine, plus sensible. On se rend compte aussi que l'empereur est pensif, détaché. En s'approchant du tableau, on a une vision privilégiée, plus intime, aussi bien du modèle que de la façon dont il est peint.

Titien connaissait-il bien Charles Quint ?

L'ayant peint plusieurs fois, il a eu l'occasion de bien l'observer, de comprendre ce qu'il attendait de ses portraits. Titien était capable de saisir en même temps l'autorité et la délicatesse, il honorait la subtilité autant que la force... Chez un peintre de cour, c'étaient des qualités irremplaçables. Grâce à lui, Charles Quint savait qu'il apparaîtrait dans toute sa gloire sans qu'on n'oublie jamais ni la gravité ni la profondeur de ses pensées... Il était le plus grand prince catholique, au lendemain d'une victoire sur les protestants. Le portrait qu'il a commandé devait célébrer sa puissance mais il voulait aussi qu'on y perçoive sa volonté de faire triompher la paix. Loin des réalités de la bataille, son combat serait ainsi compris avant tout comme un combat spirituel...

Paysage d'hiver avec patineurs

1565, huile sur bois, 38 x 56 cm
Musées royaux des Beaux-Arts, Bruxelles, Belgique
Pieter Bruegel l'Ancien (ou le Vieux, Breughel, vers 1525/1530 – Bruxelles, 1569)

9

C'est un tableau qui fait penser à Noël.

Il ne représente pas spécialement Noël mais il montre l'hiver comme on aime à l'imaginer, avec beaucoup de neige. On ne se sent pas perdu, les maisons sur les côtés et vers le fond donnent l'impression qu'on est bien à l'abri dans le village ; c'est agréable de sentir le froid quand on sait que l'on pourrait vite rentrer se réchauffer...

Il fait peut-être très froid, mais il y a un beau soleil.

Tout le tableau est baigné d'une lumière presque dorée, couleur de miel. Quand on le voit de loin, c'est la première chose qui apparaît. C'est pourquoi l'image est tellement attirante. Même si on ne la regarde qu'en passant, elle fait plaisir.

Que font tous les gens qui sont là ?

Puisque l'eau de la rivière est gelée, ils s'amusent à patiner dessus.

À cette époque, il y a plus de quatre cent cinquante ans, on n'avait pas des patins aussi perfectionnés qu'aujourd'hui : on attachait simplement des lames de bois aux chaussures. À les voir on peut penser que ça fonctionnait assez bien.

Les personnages sont comme des petites fourmis.

Le peintre les regarde de loin, alors ils semblent minuscules et tout noirs. À cette distance, il peut montrer une image d'ensemble bien que son tableau soit assez petit. On voit comment les personnages glissent dans tous les sens, en s'éparpillant comme des insectes ou comme les oiseaux qui sautillent dans la neige.

Il y a aussi de gros oiseaux noirs.

Ce sont des corbeaux ; ils sont perchés sur les branches et ils semblent beaucoup plus calmes que les autres oiseaux. Ils ont l'air d'attendre quelque chose, d'observer ce qui se passe. Les hommes ne sont peut-être pas si différents des oiseaux : certains sont agités, d'autres plus patients.

Les gens ne font pas tous la même chose.

Ils se trouvent tous dans la même situation mais ils se comportent différemment. Ils n'ont pas le même âge, chacun a son caractère, des occupations différentes... En les regardant un par un, on en aperçoit qui discutent tandis que d'autres se dépêchent. L'un d'eux se balance sur une jambe, une maman tient son enfant par la main, elle va certainement moins vite. Certains vont par deux, d'autres sont seuls. Ils ne sont pas tous aussi solides sur leurs pieds.

✱ **Personne n'est tombé en patinant.**
Les gens ont l'habitude de patiner, le peintre décrit une scène de la vie quotidienne très banale à cette époque. Dans le tableau, chacun semble capable de maîtriser son parcours mais il est vrai que les choses peuvent mal tourner.
À chaque instant, la chute est possible, avec ses conséquences plus ou moins graves pour peu qu'on ne sache pas trop bien se diriger ou s'arrêter. Certains font bien attention, d'autres ont peut-être seulement de la chance.

✱ **La glace pourrait se briser.**
C'est un danger, on ne connaît pas l'épaisseur de la glace et elle peut céder sous le poids d'un patineur. En bas de l'image, il y a déjà un trou. Même si les gens sont assez prudents, l'imprévisible demeure. Certaines choses ne dépendent pas d'eux. On imagine que, tout en les observant qui s'amusent, le peintre réfléchit aussi à tout cela.

✱ **À quoi sert la planche posée sur la neige, à droite de l'image ?**
C'est une trappe, un piège pour les oiseaux : un objet ordinaire qui fait partie de la vie des gens à la campagne. Les oiseaux eux aussi sont toujours menacés. Ni les hommes ni les animaux ne sont jamais tout à fait en sécurité.

✱ **On a l'impression de voir cette scène du haut d'une colline.**
Où qu'il soit exactement, le point de vue est surélevé et la scène appréhendée avec beaucoup de distance. D'un côté on peut se croire très protégé : les patineurs sont assez loin en contrebas, on ne risque pas de se faire bousculer, de glisser ou de tomber avec eux... Mais d'un autre côté, les ronces et les arbres du premier plan ne fournissent pas un point d'appui bien rassurant. Les branches mortes se cassent facilement. Cette situation n'est pas plus stable que celle des gens qui sont sur la glace...

✱ **On voit l'église du village.**
En tant que centre religieux du village, l'église joue un rôle important. Elle évoque une autre dimension de la vie des gens que Bruegel peint en train de se distraire. Les voilà dispersés, leurs intérêts divers et peut-être opposés, mais l'église est le lieu qui les rassemble de temps en temps. Elle apporte l'idée d'une unité possible entre les gens et peut-être d'un refuge.

✱ **Bruegel vivait-il dans ce village ?**
Non, il habitait en ville. Il avait d'abord travaillé à Anvers et à l'époque où il a peint ce tableau, en 1565, il vivait à Bruxelles. Mais ce village ne se trouve pas très loin de là, dans la même région du Brabant. Bruegel l'a peint avec tellement de fidélité que l'on pense être en mesure de l'identifier (ce serait Pede-Sainte-Anne). Il a si souvent représenté cette région qu'aujourd'hui on l'appelle la « vallée de Bruegel ».

Le peintre a utilisé très peu de couleurs.

Il est très difficile, et donc passionnant, de réaliser une image avec aussi peu de tons différents : des nuances très fines animent les petits détails. Grâce à cela le tableau est aussi très homogène, il met en œuvre un maximum de possibilités avec des matériaux très limités au départ : du blanc, un peu de noir et tous les degrés intermédiaires de brun, d'ocre, de jaune, surtout vers l'horizon noyé de brume...

Pourquoi appelle-t-on le peintre Bruegel « l'Ancien » ? Était-il si âgé ?

C'est souvent ce que l'on croit, d'autant plus qu'on le nomme également Bruegel « le Vieux ». Ce surnom le distingue de ses fils, également peintres : l'aîné, Bruegel « le Jeune » portait aussi le prénom de Pieter. Son second fils, Jan, utilisait des couleurs si douces qu'on l'appelait Bruegel « de Velours »...

En réalité, Bruegel l'Ancien a eu une vie plutôt courte. Il n'avait qu'une quarantaine d'années lorsqu'il est mort.

Les corbeaux font un peu peur...

On leur a souvent attribué une signification déplaisante, à cause de leur couleur noire. Il est possible que dans ce tableau, ils représentent la mort. Pourtant il faut se méfier de ce genre d'interprétation, car la même chose peut symboliser des idées opposées. Ainsi dans l'Antiquité, les Romains comprenaient le croassement de cet oiseau (« cra, cra ») comme le mot latin « *cras* » qui signifie « demain »... Entendu ainsi, le corbeau est associé à l'espérance...

Ce tableau comporte-t-il une morale ?

Il constitue certainement une réflexion sur les êtres humains, tout petits par rapport à la nature, en proie à bien des menaces. Mais Bruegel ne donne aucune leçon, il ne ridiculise ni ne condamne personne. Il se contente d'observer les choses avec lucidité, pour ce qu'elles sont. Le monde trouve un équilibre entre le danger et l'insouciance, exactement comme son paysage nous transmet la froidure de l'hiver en même temps que la douceur du soleil.

David

Vers 1606, huile sur bois, 90,5 x 116 cm
Kunsthistorisches Museum, Vienne, Autriche
Caravage (Michelangelo Merisi dit Caravage, Caravaggio, 1571 – Port'Ercole, 1610)

10

✦ **Le garçon tient une tête par les cheveux.**
C'est le jeune David. Il porte la tête du géant Goliath qu'il vient de tuer.

✦ **Pourquoi l'a-t-il tué ?**
La Bible raconte que David a défendu son peuple contre ses ennemis dirigés par Goliath. En tuant leur chef, il a vaincu leur armée entière.

✦ **Il lui a coupé la tête ?**
Oui, mais seulement après l'avoir tué : il a lancé une pierre avec sa fronde et l'a abattu du premier coup. Ensuite, il s'est emparé de l'épée de Goliath et lui a tranché la tête avec, pour montrer que le géant était définitivement vaincu.

✦ **Goliath n'a pas une très grande tête pour un géant !**
C'est vrai, mais si le peintre l'avait vraiment représenté gigantesque, il n'y aurait plus eu assez de place pour David dans le tableau. Or c'est lui le héros. C'est pourquoi la tête de Goliath paraît à peu près normale.

✦ **David n'est pas habillé comme un soldat.**
Il était un simple petit berger et a voulu combattre vêtu de sa seule tunique, en refusant l'armure que lui proposait le roi Saül. Il ne s'était muni que d'une fronde et de cinq pierres pour venir à bout de ce géant protégé d'une cotte de mailles, d'un casque et armé d'un javelot ainsi que d'une épée. Le peintre insiste sur le dénuement de David pour rendre son courage encore plus frappant.

✦ **Que porte David dans son sac ?**
Il porte probablement le reste des pierres ramassées pour tuer Goliath et dont une seule a suffi. On a l'impression que ce sac, c'est tout ce qu'il possède, autant dire pas grand-chose... L'épée qu'il a dans la main, il vient juste de la prendre au géant.

✶ **Comment David, si chétif, a-t-il pu vaincre un géant ?**
Goliath était évidemment plus grand et plus fort mais c'est justement sa taille qui l'a perdu : il était une cible idéale pour le berger, très habile à la fronde. Il ne s'est sûrement pas méfié d'un garçon si petit, tout jeune et sans beaucoup de force. Or l'agilité et l'intelligence de David lui ont donné l'avantage. L'atout du géant s'est retourné contre lui et la faiblesse de David est devenue sa chance.

✶ **Goliath était-il vraiment aussi grand ?**
Non, le qualifier de géant est une façon d'exprimer sa vigueur, sa taille et sa puissance exceptionnelles. Quand on rencontre un obstacle si grand qu'il semble insurmontable, il fait l'effet d'être géant. Ceux qui devaient affronter Goliath le percevaient sans doute ainsi, et David plus que tout autre lorsqu'il s'est retrouvé seul face à lui.

Que s'est-il passé ensuite ?

Après avoir combattu Goliath, David a dû fuir le roi Saül, jaloux de son succès. Mais un tel héros, capable de vaincre un géant, méritait de gouverner son peuple et c'est ainsi qu'un petit berger devint roi d'Israël. Cela ressemble à un conte de fées mais c'est une histoire que raconte la Bible (Ancien Testament). À la fois vaillant guerrier, poète et musicien, David eut un fils lui aussi fort célèbre, le roi Salomon (n° 14).

David n'a pas l'air très heureux d'avoir vaincu Goliath.

Il n'est pas représenté triomphant, son expression est plutôt grave. Il a sans aucun doute le sentiment d'avoir accompli son devoir mais Caravage ne le montre pas heureux d'avoir tué son ennemi. La mort du géant est traitée avec respect : son visage montre sa souffrance, il n'est ni ridiculisé ni méprisé. Il ne s'agit pas pour David d'une satisfaction personnelle. Cette victoire n'est pas seulement la sienne mais celle de tout son peuple.

Pourquoi n'y a-t-il que David dans le tableau ?

Au moment du combat, il devait y avoir une foule immense, d'innombrables soldats, tous ceux qui attendaient l'issue de la bataille, qui avaient peur, espérant la victoire d'un camp ou de l'autre... Malgré cela, à la seconde décisive, David a dû se sentir terriblement seul, tout dépendait de lui. Il ne voulait rien voir de ce qui l'entourait pour mieux se concentrer. Caravage a choisi de donner le sentiment de cette solitude.

Pourquoi le tableau est-il si sombre ?

Le fond noir fait ressortir les personnages avec une intensité accrue. Caravage a presque toujours utilisé ce procédé, éliminant le décor, le paysage, les accessoires, pour insister sur quelques éléments significatifs.
De cette façon, la scène, plus facile à comprendre, devient plus dramatique, surtout quand on songe que les tableaux n'étaient pas éclairés comme aujourd'hui : on utilisait des chandelles, des lampes à huile... Les personnages de tels tableaux devaient sembler de véritables apparitions.

La tête de Goliath a l'air de sortir du tableau.

David la tend vers nous, et le fond obscur, qui provoque un contraste violent avec les formes éclairées, renforce cet effet. Caravage utilise un éclairage qui ressemble à celui de projecteurs. Les zones touchées par la lumière semblent avancer, comme si elles étaient en relief. La scène devient fascinante, on a tout à coup la sensation que l'on pourrait toucher les personnages. Ils sont là, à portée de main.

Caravage peint-il toujours ses personnages en relief ?

Dans la majorité de ses œuvres, il se préoccupe effectivement davantage du relief que de la profondeur de l'image : il est impossible d'entrer dans le tableau, il n'y a aucun espace vers le fond, le noir y est comme un mur. En revanche, les figures sont prêtes à surgir de l'image. Au lieu d'être face à une représentation peinte, confortablement installé comme un simple spectateur, le spectateur se retrouve piégé, témoin d'un événement imprévu. La surprise est totale.

Pourquoi le peintre a-t-il choisi ce moment précis de l'histoire de David et Goliath ?

Il se contente de dresser un constat pour créer un effet brutal : voilà la conclusion du combat qui a eu lieu. Que l'on connaisse ou non l'histoire de David et Goliath, on est saisi immédiatement par la force de leur présence. L'image est bloquée, dans l'espace et dans le temps : dans l'espace parce qu'aucune échappatoire n'est possible, et dans le temps parce que la scène est aussi rapide qu'un coup de poing.

Un tel tableau était-il destiné à une église ?

Non, il n'a pas été conçu pour orner un lieu de culte. Ce type de tableau convenait à une clientèle d'amateurs qui, à cette époque, commençaient à monter de vastes collections. Ils avaient les connaissances nécessaires pour en comprendre la signification. L'image vise à satisfaire leur esprit et leurs goûts, non à soutenir la dévotion des fidèles...

D'autres peintres ont-ils réalisé des tableaux de ce genre ?

Caravage a inventé ce type de peinture, basé sur l'opposition très radicale de l'ombre et de la lumière. Il vivait à Rome et à cette époque, au début du XVIIe siècle, les artistes y affluaient de toute l'Europe pour étudier leur métier, y observer les monuments antiques et les grandes réalisations de la Renaissance. Le travail de Caravage, c'était l'art contemporain de leur temps. Il a remporté un immense succès avec ses tableaux, aujourd'hui encore aussi crédibles qu'un reportage tourné en direct et aussi grandioses qu'un spectacle d'opéra... Les peintres italiens, français, hollandais, espagnols, tous ont suivi son exemple, à tel point que l'on parle de *caravagisme* pour désigner leur style.

Le Tricheur (à l'as de trèfle)

Vers 1625-1630, huile sur toile collée sur bois, 96,5 x 155 cm
Kimbell Art Museum, Fort Worth, États-Unis
Georges de La Tour (Vic-sur-Seilles, évêché de Metz, 1593 – Lunéville (?), 1652)

11

✦ **Ils jouent aux cartes.**

Les trois personnages assis sont en train de jouer. Mais il y a aussi quelqu'un qui ne joue pas : la femme debout et qui tient une bouteille et un verre de vin. C'est la servante.

✦ **Il y en a un qui triche !**

Le personnage de gauche cache des cartes dans sa ceinture. Elles attirent l'œil tout de suite, parce qu'elles sont blanches et il se tient comme s'il voulait vraiment qu'on les voit. En fait, il nous montre qu'il triche pour nous expliquer l'histoire.

✦ **Les autres ne voient-ils pas qu'ils jouent avec un tricheur ?**

Le personnage qui est en face du tricheur n'a sans doute rien compris : il s'intéresse seulement à ses propres cartes. D'un côté, il a raison de réfléchir avant de jouer, mais de l'autre, c'est un problème : il ne voit pas avec quel genre de personne il joue.

✦ **Les personnages sont très bien habillés.**

Surtout le jeune homme de droite ; ses vêtements brillent, ils sont en tissu très précieux avec des broderies d'argent, et une grande plume orne son chapeau. Tout le monde peut voir qu'il est riche, et son manque de méfiance risque d'attirer encore plus les voleurs. La dame assise, qui porte une robe élégante et un collier de perles, a une apparence très convenable. Le tricheur, lui, ne porte rien de voyant... Il ne veut pas se faire remarquer.

✦ **Les femmes sont-elles de mèche avec le tricheur ?**

Probablement. À eux trois ils forment un groupe ; leurs mains sont proches les unes des autres, elles remuent, se parlent. La dame au chapeau rouge, légèrement tournée vers ses deux complices, s'adresse à eux. Le jeune homme, au contraire, est isolé dans son petit monde, toutes ses pièces d'or devant lui...

✦ **Les deux femmes ont un drôle de regard en coin.**

Elles ne veulent pas attirer l'attention sur leurs manigances. Si la dame au chapeau rouge tournait franchement la tête, le garçon à ses côtés risquerait de s'en apercevoir : il lèverait les yeux et aurait peut-être des soupçons... Mais comme ça, tout passe inaperçu. La servante a l'air de jeter un coup d'œil au passage vers le tricheur.

✶ **Pourquoi n'y a-t-il qu'un seul verre de vin ?**

On le devine destiné au jeune homme riche. Les autres doivent garder l'esprit clair pour comploter. Un peu ivre, il sera encore moins conscient du danger qui le guette. Et puis lui offrir à boire permettra à la servante d'espionner son jeu en posant le verre devant lui.

On ne voit pas où ça se passe.

Le peintre ne précise pas l'endroit (peut-être une taverne) : le lieu importe peu car une telle scène pourrait arriver n'importe où. Il y a partout des tricheurs et des gens qui se font tromper. C'est une vérité générale, pas une histoire particulière. De plus, le fond noir fait ressortir davantage les couleurs.

La tête de la dame ressemble à un œuf.

Georges de La Tour aimait dessiner des formes très simples, plutôt géométriques. Cette dame a un visage très lisse dans lequel rien ne bouge, hormis les yeux : elle contrôle très bien son apparence. Si l'on croit bien la voir parce qu'elle est en pleine lumière, en réalité on reste en surface : le regard glisse sur elle. Ce qu'elle pense est impossible à deviner.

Personne ne parle dans le tableau.

C'est un instant particulier : ils attendent tous de savoir comment va évoluer la partie. Rien n'est encore arrivé, mais on sent venir le moment où tout va basculer. Le tricheur se prépare à faire glisser la carte cachée dans sa ceinture. Et bientôt, les pièces d'or changeront de propriétaire...

Pourquoi y a-t-il de la lumière derrière un seul personnage ?

La répartition de l'ombre et de la lumière souligne les relations des personnages : le mur n'est clair que sur une petite portion à droite, derrière celui qui va perdre. Les trois autres, au contraire, devant un large fond noir, sont reliés : ils appartiennent au même monde. Cette surface noire si grande en proportion montre qu'ils sont bien plus forts que leur adversaire. Les territoires respectifs de l'innocence et de la tricherie sont nettement définis.

Pourquoi le visage du tricheur est-il moins éclairé que les autres ?

Il tourne le dos à la lumière parce que la dissimulation est dans sa nature. Même si le jeune homme le regardait, il ne verrait pas grand-chose. Le tricheur se trouve à contre-jour, son visage voilé d'ombre. Cette stratégie met celui qui lui fait face en état d'infériorité : il voit parfaitement sans être vu lui-même.

Le garçon riche a-t-il une chance ?

Pour s'en tirer, il suffirait peut-être qu'il lève enfin les yeux : il s'apercevrait peut-être que les autres joueurs sont ligués contre lui. Il faudrait qu'il s'intéresse un peu à ce qui l'entoure, mais il ne voit pas plus loin que le bout de son nez. Il ne se pose aucune question. Sa passivité va le perdre... Les autres sont malins et il faut reconnaître qu'ils savent agir pour obtenir ce qu'ils veulent. Il est encore très jeune tandis qu'eux ont l'expérience de ces situations.

À quel jeu jouent-ils ?

En regardant le tableau, tout le monde au XVIIe siècle identifiait tout de suite le jeu de la prime : pour gagner, il fallait obtenir le plus grand nombre de points dans la même couleur, cinquante-cinq au maximum. Le tricheur a au moins un six (dix-huit points) ou un sept (vingt et un points) dans la main. Avec l'as qui vaut seize points, il a de grandes chances de remporter la partie.

Le tricheur a du trèfle et le jeune homme du pique.

Les cartes ont un langage symbolique. Il ne comptait pas dans le jeu, mais le peintre y a peut-être pensé pour rendre le tableau plus parlant. Le trèfle signifie l'argent. La Tour a peint un autre tableau sur le même sujet dont la composition est identique, avec quelques différences de couleurs et de détails : le tricheur y tient un as de carreau, qui suggère une opération fructueuse. Dans le jeu de la victime, le pique n'annonce que des ennuis...

Pourquoi les personnages sont-ils si serrés dans le tableau ?

En leur concédant aussi peu d'espace, le peintre crée une atmosphère lourde. L'air manque, on respire avec peine... Ce cadrage très serré accentue l'intensité des rapports entre les personnages. Du coup, on devient attentif à tout, on épie le moindre battement de cil, on est conscient de chaque détail qui prend une importance démesurée...

Pourquoi Georges de La Tour a-t-il peint une histoire aussi injuste ?

Le tableau est fait pour montrer que pour échapper à ce genre de situation, il faut être plus prudent, plus attentif que ce garçon. Il s'agit d'une leçon de morale en image. Tout jeune homme devrait apprendre à se méfier : il doit faire attention aux femmes qui veulent le séduire, il doit éviter de s'enivrer et enfin il vaut mieux ne pas jouer s'il ne veut pas perdre tout ce qu'il possède... Au XVIIe siècle, c'étaient là les trois dangers que l'on redoutait le plus. L'image les réunit pour que la mise en garde soit plus efficace.

Apollon et Marsyas

1637, huile sur toile, 182 x 232 cm
Museo Nazionale di San Martino, Naples, Italie
Jusepe de Ribera (Jativa, province de Valence, 1591 - Naples, 1652)

12

Qui sont ces personnages ?
Celui du haut est Apollon, le dieu du soleil, l'autre est un satyre nommé Marsyas : il a un corps d'homme et des jambes de bouc. Tous deux sont des personnages de la mythologie grecque.

Que font-ils ?
Apollon est en train de punir Marsyas, il lui arrache la peau. Il vient juste de commencer, et Marsyas crie de douleur.

Pourquoi Marsyas est-il puni ?
Il était tellement fier de la façon dont il jouait de la flûte qu'il avait défié Apollon dans un concours. Le dieu jouait de la lyre ou de la viole, selon les versions, et lui de la flûte. Apollon a gagné. Il était convenu au départ que le vainqueur punirait le perdant comme il le voudrait, et le dieu avait choisi de l'écorcher vif.

Apollon n'a pas du tout l'air d'être en colère...
Non, son visage très calme montre qu'il n'agit pas de la sorte parce qu'il est furieux. Il ne le fait ni par plaisir ni par méchanceté. Simplement, il est un dieu et il ne peut pas se laisser offenser... C'est dans l'ordre des choses.

Le corps d'Apollon est très blanc.
Dieu de la lumière, il parcourt le ciel avec son char et chaque matin, c'est avec lui que le jour se lève. Il est toujours représenté comme un personnage rayonnant, avec des cheveux dorés et un beau visage paisible.

Marsyas a la peau foncée.
La différence avec Apollon doit être bien nette : contrairement au dieu du soleil, il n'est pas un être lumineux. Vivant dans les ombres de la forêt, il a pris une couleur proche de celle des arbres, sa peau est rude. Il est moitié homme, moitié animal, ses cuisses sont couvertes d'un pelage sombre.

Le tableau est coupé en deux : une partie sombre, l'autre claire.
Même sans examiner les détails, on sait immédiatement que le tableau montre deux mondes différents qui s'opposent. Celui du ciel et de la lumière, celui de la terre et de l'obscurité. Ils ne peuvent ni se mélanger ni se confondre. Le dieu Apollon et le satyre Marsyas appartiennent chacun à l'un de ces deux mondes. Et Marsyas est châtié parce qu'il a cru pouvoir égaler les dieux, alors que sa nature ne l'y autorise pas.

Pourquoi Apollon a-t-il des feuillages sur la tête ?

Il est coiffé d'une couronne de laurier, qui désigne la gloire du vainqueur. Dans l'Antiquité, les athlètes qui remportaient les épreuves aux jeux du stade étaient ainsi couronnés. Par ailleurs, les feuilles du laurier restant vertes pendant l'hiver, on y voyait aussi un signe de ce qui ne peut pas mourir. C'est un attribut du dieu Apollon.

Il y a un instrument de musique par terre.

C'est une viole, une forme ancienne du violon. Elle appartient à Apollon. Il l'a posée par terre, après le concours, pour exécuter Marsyas. Au premier plan du tableau, elle nous rappelle le point de départ de cette histoire horrible. On estimait que les instruments à cordes avaient un son plus doux, plus limpide et surtout beaucoup plus noble que les instruments à vent tels que la flûte de Marsyas.

Qui sont les personnages, derrière l'arbre ?

Ce sont des satyres, les amis de Marsyas. Comme lui, ils appartiennent aux esprits des montagnes et des bois qui accompagnent le dieu Bacchus. Ils assistent horrifiés à la torture de leur compagnon sans rien pouvoir faire pour lui. L'un d'eux se bouche les oreilles pour ne pas entendre les cris. La légende raconte qu'ils ont tellement pleuré qu'un fleuve serait né de leurs larmes. Ribera les a peints dans des tons grisâtres pour montrer qu'ils ne sont que des figurants : ils n'ont pas d'autre rôle à jouer que celui de spectateurs. Mais leur présence est nécessaire. Ce qui arrive à Marsyas doit servir de leçon : ils sont désormais avertis des risques encourus lorsque l'on croit pouvoir se mesurer à un dieu.

Pourquoi Marsyas a-t-il le visage plus sombre que le reste du corps ?

Le peintre a fait poser des modèles vivants, pour être sûr de peindre les corps sans aucune erreur. Celui qui a posé pour Marsyas avait tout simplement le visage plus bronzé que le reste, comme la plupart des gens, et Ribera n'a pas corrigé cet aspect dans son tableau. Cela confère un caractère encore plus vrai à ce personnage, encore plus proche de la nature. Au contraire, la coloration d'Apollon est uniforme puisqu'il symbolise la lumière. Le dieu ne connaît pas les faiblesses d'un corps ordinaire, tandis que celui de Marsyas y est soumis.

Les coups de pinceau sont visibles dans le ciel.

Le haut du tableau est peint beaucoup plus légèrement que le reste, avec des couleurs nuancées, chatoyantes, des reflets, alors que vers le bas le brun et le noir opaques prédominent. Le manteau rose-mauve d'Apollon sert de transition : grâce au drapé, son corps ne se détache pas brutalement sur le ciel, les plis s'intègrent harmonieusement aux formes des nuages. C'est une façon très simple de suggérer l'infini de l'espace où règne le dieu, les grands vents qui l'accompagnent dans sa course, la rapidité de son envol...

✸ **On dirait que les deux personnages sont peints dans un cercle.**

Les bras de Marsyas, au sol, sont disposés de manière à former un arc de cercle et le grand drapé rose du manteau d'Apollon le complète en haut. On pourrait effectivement imaginer une ligne circulaire autour d'eux. Cela concentre l'attention sur le drame qui se déroule entre les deux personnages : ils sont dans un monde fermé, Marsyas ne s'échappera jamais. Ce cercle évoque aussi une roue capable de tourner sans cesse : le cycle de la vie et de la mort, du jour et de la nuit. Chaque matin, quoi qu'il arrive, Apollon revient avec le soleil et remporte sa victoire sur les ténèbres...

✸ **En fait, les deux personnages sont exactement le contraire l'un de l'autre.**

Ils s'opposent comme deux personnes qui ont des caractéristiques inverses, nature divine contre animalité, clarté contre obscurité, impassibilité contre douleur, etc., mais aussi comme deux pôles de l'existence humaine : d'un côté ce qui aspire à s'élever, de l'autre ce qui tire vers le bas. Pour le peintre, c'est un sujet captivant qui offre l'occasion de traiter deux types de nus complémentaires : l'un suggère la perfection de l'esprit, tandis que l'autre exprime les souffrances du corps.

✸ **Pourquoi Apollon a-t-il décidé d'écorcher Marsyas ?**

En dehors de la torture affreuse et inhumaine que cela suppose, ce châtiment, en tout cas dans cette légende, a une portée emblématique. Arracher la peau de Marsyas signifie lui retirer son apparence, faire tomber son masque. Autrement dit, lui qui prétendait égaler un dieu sera contraint d'exhiber la vérité de sa nature. En termes de symbole, le tableau représente la punition logique d'un orgueil démesuré.

✸ **Le châtiment de Marsyas paraît vraiment exagéré.**

Il paraît certainement disproportionné si on pense qu'il prétendait seulement jouer de la musique aussi bien qu'Apollon. La faute ne paraît pas bien grande. Mais en réalité, cela va plus loin. Tout bon musicien qu'il soit, il demeure un exécutant. Le véritable crime de Marsyas, c'est d'avoir cru que son talent faisait de lui l'égal d'un dieu. En le châtiant d'une façon aussi atroce, Apollon, le créateur et le protecteur des arts, réaffirme la distinction entre le savoir-faire de l'artisan, aussi doué soit-il, et l'inspiration divine.

Nature morte avec fruits et homard

Vers 1646-1649, huile sur toile, 95 x 120 cm
Gemäldegalerie, Berlin, Allemagne
Jan Davidsz de Heem (Utrecht, 1606 – Anvers, 1684)

13

✦ **Il y a beaucoup de choses à manger sur ce tableau.**
C'est le genre d'image qui donne faim. Elle présente des fruits de toutes sortes : du raisin, des pêches, des abricots, des coings posés sur un grand plat rond en porcelaine bleu et blanc. Sur une petite assiette, on a mis un citron à moitié épluché. À droite, il y a aussi des crevettes. Mais celui que l'on voit tout de suite, c'est le homard tout rouge, au bord de la table.

✦ **Ce homard va peut-être nous pincer les doigts.**
Il n'y a aucun danger : puisqu'il est rouge, on sait qu'il est déjà cuit, autrement, il serait d'une couleur brune. Mais du coup, on le remarque encore davantage et l'on a l'impression qu'il est vraiment menaçant.

✦ **Tout est en désordre.**
Il est vrai que les fruits sont empilés n'importe comment les uns sur les autres. Il y a aussi des coquillages, plus haut dans le tableau, soigneusement posés sur une boîte recouverte de velours bleu. Dans la vie quotidienne, ces choses ne se trouveraient probablement pas rassemblées, mais dans le tableau, elles produisent un beau mélange de couleurs, un peu comme un feu d'artifice.

✦ **On ne voit pas bien où les objets sont posés.**
Ils sont sur une table, on le comprend mieux en regardant le côté droit de l'image. On s'aperçoit aussi qu'elle est presque entièrement recouverte d'une nappe vert foncé, sauf à cet endroit-là. De l'autre côté aussi on voit les plis du tissu un peu brillant.

✦ **Il y a aussi de quoi boire.**
On peut compter trois verres dans le tableau. Leurs formes différentes indiquent qu'ils ne contiennent pas tous le même vin : celui de droite, par exemple, contient du vin blanc d'Alsace. Le peintre a proposé plusieurs possibilités. Il y en a pour tous les goûts.

✦ **La carafe est très belle.**
C'est une aiguière, elle sert à verser le vin. Celle-ci a été réalisée à partir d'un coquillage et d'une monture d'or. La lumière crée des reflets sur la nacre, comme un tout petit arc-en-ciel. On ne sortait pas ce genre d'objet pour des repas ordinaires. Le peintre l'a mise en valeur en la plaçant sur le côté du tableau, légèrement à l'écart.

✶ **On dirait que le homard va bouger.**
C'est à cause de sa couleur qui donne toujours une impression de mouvement. Et puis ses pinces dépassent de l'assiette, comme s'il était sur le point d'attraper quelque chose en dehors du tableau. Le peintre voulait qu'il attire tout de suite l'attention, comme un panneau sur la route qui avertit d'un danger : parce que cet

animal se déplace en biais, comme les crabes, on l'utilise pour représenter l'hypocrisie… Dans cette image, il souligne dès le départ qu'on peut penser de travers, se tromper, surtout si l'on se fie aux apparences…

Pourquoi le citron n'est-il pas complètement épluché ?
L'épluchure donne au peintre l'occasion de représenter une belle forme courbe qui s'enroule en spirale… Elle équilibre le premier plan de son tableau sur la gauche. Une raison supplémentaire vient justifier ce motif, présent dans de nombreuses natures mortes. Il permet de saisir un moment au vol : l'espace d'une seconde, peut-être moins… La pelure tient encore… Bientôt, elle se détachera complètement du fruit et tombera. Ce citron à demi épluché est un moyen décoratif de suggérer le sentiment de la durée.

Pourquoi y a-t-il des coquillages ?
À cette époque, on aimait collectionner les coquillages. Le raffinement de leurs couleurs et la variété de leurs formes étaient appréciés, admirés. Ça n'a jamais cessé : quand on marche au bord de la mer, c'est un réflexe banal d'en ramasser, comme on cueillerait des fleurs dans la campagne. Et on a toujours l'impression qu'un coquillage vient de très loin, il porte en lui l'infini des mers… Ne dit-on pas qu'en collant un coquillage à son oreille, on entend le son des vagues ? Ce n'est pas vrai, bien sûr. En réalité, on entend l'écho de son propre sang qui circule, mais on aime bien le croire quand même… Ici, avec le homard et les crevettes, les coquillages évoquent justement ce monde mystérieux de la mer, tandis que les fruits et les feuilles de vigne rappellent la terre et les arbres.

À quoi sert le rideau ?
Il crée un élément de décor : le fond du tableau prend du relief, il accroche la lumière. Cela prouve aussi que l'image ne reproduit pas simplement la réalité quotidienne, ne représente pas un endroit précis dans une maison. C'est du théâtre. Le peintre a inventé une mise en scène pour les besoins de sa composition.

Qu'y a-t-il dans la boîte bleue ?
En général, ce genre de boîte servait à ranger les bijoux. Il est donc probable qu'elle renferme des choses précieuses mais qu'on ne verra pas : elles resteront cachées. Le tableau expose des quantités de choses devant nos yeux, mais il en dissimule d'autres. C'est l'une des fonctions de la boîte dans cette image : elle rétablit la juste mesure en refusant de livrer son secret et en rappelant ainsi qu'on ne peut pas tout voir ni tout savoir. Et puisqu'elle est bleue, elle apporte une couleur qui manquait aux fruits…

Le tableau décrit-il les éléments d'un véritable repas ?
Non, il ne s'agit pas de composer un menu, mais d'établir une image de la richesse. Le tableau mélange d'ailleurs des fruits de saisons différentes, comme les cerises

et le raisin. À l'époque où ce tableau a été peint, il y a trois siècles et demi, ces aliments étaient très chers et donc réservés aux gens aisés. Une peinture comme celle-ci ne montre pas forcément ce qu'ils avaient chaque jour sous les yeux ou à leur table, mais ce qu'ils avaient la possibilité de s'offrir. C'est la même chose pour les plats, les verres ou l'aiguière, qui sont des objets de luxe.

Pourquoi la nappe ne recouvre-t-elle pas complètement la table ?
Tant qu'on ne voit que le beau tissu soyeux, on ne perçoit que l'aspect superficiel des choses mais là où la nappe fait défaut, la table en bois apparaît dans sa simplicité, très ordinaire, sans aucune fioriture. Le tableau montre la possibilité de distinguer entre l'apparence des choses et leur nature profonde. En fait, cette nappe qui cache ou dévoile la table joue un rôle semblable à celui de la pelure du citron, qui enveloppe le fruit ou s'en détache : elle déguise ou révèle une partie de la réalité.

Pourquoi les choses sont-elles posées de telle sorte qu'elles risquent de tomber ?
L'un des charmes du tableau vient justement de cet équilibre précaire. Il donne à la fois la certitude de l'abondance et le soupçon que tout est susceptible de s'effondrer comme un château de cartes. Ça penche, ça bascule, ça glisse... Il est certain que jamais dans la réalité on ne poserait les choses de cette façon, sauf à vouloir provoquer la catastrophe... C'est la leçon de cette peinture. Elle exalte la prospérité et la réussite qu'elle suppose mais rappelle que tout peut s'écrouler, au sens propre et au sens figuré.

Pourquoi le peintre a-t-il montré une prune à moitié mangée par les vers ?
Cette prune, à côté des cerises, est le signe que tout passe vite : on n'aura pas eu le temps de la manger puisque les vers s'en sont déjà chargés. D'autres indices le prouvent : le citron est presque entièrement pelé, le vin est versé dans les verres et il semble que l'on ait déjà bu dedans, le homard est cuit et prêt à être mangé, les coquillages qui vivaient dans leurs belles coquilles de nacre n'existent plus...
Il n'y a pas de temps à perdre.

A-t-on peint beaucoup de natures mortes comme celle-ci ?
Oui, elles remportaient un vif succès. Certains peintres, comme Jan Davidsz de Heem, étaient alors spécialisés dans ce genre de tableau. Ils excellaient dans la représentation des matières et des textures, savaient comment traduire le velouté d'une pêche ou l'aspect embué d'un grain de raisin, le craquant d'une carapace ou la transparence du verre. Cette peinture représente un exercice de virtuosité, elle exige un immense savoir-faire. En même temps, elle a su répondre aux désirs de la clientèle du XVIIe siècle hollandais, en présentant autant l'image de la richesse matérielle que celle du devenir et de la fugacité des plaisirs.

Le Jugement de Salomon

1649, huile sur toile, 101 x 150 cm
Musée du Louvre, Paris, France
Nicolas Poussin (Les Andelys, 1594 – Rome, 1665)

14

✦ **Que raconte ce tableau ?**

C'est l'histoire de deux femmes venues trouver le roi Salomon, un roi connu pour sa grande sagesse. Elles vivaient dans la même maison et avaient toutes deux un bébé. L'un des enfants est mort pendant la nuit et chacune affirme que l'enfant resté en vie est le sien.

✦ **Est-ce une histoire vraie ?**

Le roi Salomon a existé, il y a très longtemps. Il était le fils du fameux roi David qui avait autrefois vaincu le géant Goliath (n° 10). Sa vie est racontée dans la Bible et cet épisode rapporte comment il faisait régner la justice.

✦ **Où est le roi Salomon ?**

Le roi est en train de prononcer son jugement, assis sur un trône très haut, au-dessus des autres et de leurs batailles. Il est au centre de l'image, car c'est sa décision que tout le monde attend. S'il était penché d'un côté ou d'un autre, s'il n'était pas absolument au milieu, on pourrait imaginer qu'il écoute davantage l'une des deux femmes ; il se tient donc très droit pour que l'on comprenne que c'est un homme juste.

✦ **Il y a d'autres personnes de chaque côté.**

Ce sont les spectateurs de la scène. Ils se demandent ce qui va se passer, tout comme nous. Certains sont inquiets. L'un d'eux, l'air sévère, a sûrement déjà un avis sur cette affaire. D'autres sont tellement effrayés qu'ils n'ont pas le courage de regarder.

✦ **On dirait que le soldat, à gauche, va tuer le bébé !**

Ces deux femmes réclament le même enfant, celui qui vit : le roi Salomon a donc ordonné au soldat de le couper en deux afin que chacune d'elles en obtienne une moitié. En réalité, il n'a pas l'intention de faire tuer ce bébé ; c'est un piège destiné à provoquer une réaction chez ces deux femmes. Il y en a forcément une qui ment. Le roi doit la démasquer.

✦ **Que va-t-il arriver ?**

La femme habillée de jaune supplie le roi d'épargner le bébé. Elle déclare finalement qu'il n'est pas le sien. En fait, elle l'aime tant qu'elle préférerait se séparer de lui, y renoncer pour toujours, plutôt que de le savoir mort. Salomon comprend alors qu'elle est la vraie mère. Il donne l'ordre qu'on lui rende son enfant. Pour cela, il n'a qu'à lever ou baisser un seul doigt.

✶ **Comment deviner ce que les femmes disent ?**

Il suffit de regarder leurs gestes. La femme de droite ne regarde ni le roi Salomon ni le petit enfant mort : elle ne pense pas à la justice que le roi représente, elle n'est pas triste non plus. Elle est là pour accuser. Verte de rage, elle montre l'autre femme du doigt. L'enfant peut bien être coupé en deux, cela lui est égal. La femme en jaune, à l'inverse, ne cherche pas de querelle. Elle se tourne vers Salomon qu'elle implore, elle ne pense qu'au bébé.

Pourquoi les gestes des personnages semblent-ils si peu naturels ?

Les poses sont exagérées parce que chaque mouvement traduit un sentiment, un état d'esprit. L'histoire comme les intentions des personnages doivent pouvoir se comprendre tout de suite. Tout le corps s'exprime, c'est une sorte de ballet : les gestes sont calculés pour être parlants. Ils ressemblent à ceux des mimes.

Des modèles ont-ils posé devant le peintre ?

Non, Poussin réalisait son tableau après une longue préparation. Il observait des modèles vivants mais il étudiait surtout les statues grecques et romaines qu'il trouvait parfaites. Elles lui fournissaient des idées pour les positions de ses personnages et des modèles pour leurs proportions, la forme de leur corps. Selon la pratique du XVIIe siècle, il faisait de nombreux dessins avant de commencer à peindre.

Les couleurs ont-elles une signification ?

Elles permettent d'évaluer les différences de caractère des personnages, quand bien même on ignorerait les détails de l'histoire. Sans avoir besoin d'examiner plus attentivement leurs gestes ou l'expression de leur visage, on pressent que le personnage habillé de rouge, Salomon, est le plus puissant de tous parce que cette couleur domine toutes les autres. La femme de gauche est vêtue de tons clairs qui rappellent la couleur du ciel et du soleil (son cœur est limpide) alors que l'autre, celle qui ment, est aussi terne qu'une feuille desséchée.

On ne sait pas très bien où ça se passe.

Poussin n'insiste pas sur le palais lui-même. Le trône et les deux colonnes suffisent à indiquer le pouvoir et la grandeur du roi. De cette façon, rien ne vient distraire le spectateur de l'action. L'ensemble formé par les lignes droites de l'architecture et des dalles du sol importe davantage. Il constitue un fond simple et sévère sur lequel les gestes des personnages se détachent clairement. Leur agitation est rendue plus évidente encore par la pureté de ces lignes.

Cela ressemble à du théâtre.

Chaque personnage est ici un acteur et doit occuper une place précise pour que l'on saisisse l'essence de son rôle. Poussin organise l'espace de son tableau comme un metteur en scène de théâtre. Il avait d'ailleurs l'habitude, avant de peindre, de construire une boîte où il plaçait des petits mannequins en cire représentant les personnages de son futur tableau. Il appréciait ainsi l'effet général de la scène tout en distribuant les ombres et les lumières qui devraient frapper chaque figure.

Pourquoi les traits des visages sont-ils exagérés ?

Poussin s'est inspiré pour cela des masques que portaient les acteurs de théâtre dans l'Antiquité. Grâce à leurs traits accentués, les spectateurs en déchiffraient facilement le sens, même depuis le fond de l'amphithéâtre. Ces masques ne reproduisaient aucun visage spécifique, ils symbolisaient des caractères, confrontés à des événements et à des situations significatives pour l'homme en général. Ils servaient aussi à faire résonner la voix des acteurs, ce que rappelle la dimension quasiment sonore du tableau : les personnages sur les côtés sont les équivalents du chœur du théâtre antique en train de commenter l'action...

Chaque détail est calculé.

Oui, tout compte car Poussin entend montrer l'enchaînement inéluctable des actions et de leurs conséquences. Il utilise donc le fait que les éléments d'un tableau, quoique distants les uns des autres dans la scène représentée, sont évidemment juxtaposés à la surface de la peinture. Ainsi, la femme en jaune, renonçant à l'enfant, ouvre les bras. Ce faisant, elle semble entourer cet enfant, pourtant tenu hors de sa portée par le soldat. La coïncidence des formes permet de signifier que par son renoncement, elle prouve son amour. Le bébé, par la suite, lui sera rendu. Son angoisse de mère est traduite sans ambiguïté : l'épée destinée à le déchirer est pointée sur son corps à elle. Elle souffre déjà de ce qui pourrait atteindre l'enfant... L'autre femme sera quant à elle « écrasée » par la justice du roi : la colonne, derrière, pèse déjà sur sa nuque...

Qui a choisi le sujet de ce tableau ?

Poussin aimait peindre les sujets qui lui donnaient l'occasion de réfléchir sur un problème. Or, à cette époque, de grands collectionneurs, parmi lesquels il comptait des amis, l'appréciaient assez pour lui laisser le choix des sujets. Ce fut le cas pour ce tableau. C'est pourquoi, bien que Français et célèbre dans son pays, il préférait vivre en Italie, loin de la cour de France et des contraintes qui lui auraient été imposées. Il y avait travaillé deux ans, accablé de commandes officielles, et cela lui avait largement suffi...

Poussin était-il satisfait de ce tableau ?

C'était l'un de ses tableaux préférés. Il savait qu'il avait réussi à y traduire la profondeur d'une tragédie avec la plus grande simplicité. Décrivant l'intensité des émotions les plus déchirantes, ce que l'on appelait au XVIIe siècle les « passions de l'âme », il leur oppose un idéal de raison vers lequel lui-même ne cessait de tendre : le roi Salomon incarne cet absolu. Il possède la capacité de distinguer le vrai du faux, de s'élever au-dessus des tumultes pour déterminer le bien. Poussin lui a rendu hommage en lui donnant la silhouette d'une balance parfaitement équilibrée, l'attribut habituel de la justice...

La Lettre d'amour

Vers 1669-1670, huile sur toile, 44 x 38 cm
Rijksmuseum, Amsterdam, Hollande
Johannes Vermeer (dit Vermeer de Delft, Delft, 1632 - idem, 1675)

15

✦ Ce tableau ressemble à l'intérieur d'une boîte.

Il donne l'impression que l'on pourrait facilement y entrer, comme si on marchait dans une maison. On est là, un peu caché dans l'ombre et, en arrivant dans la pièce suivante, on voit que s'y trouvent deux femmes.

✦ Qui sont ces deux femmes ?

On ne connaît pas leur nom, le tableau ne concerne pas la vie de quelqu'un de particulier. Il décrit précisément des objets, un décor et des personnages, mais dans le seul but de rendre plus vraie la petite histoire qu'il nous raconte.

✦ Que font-elles dans cette pièce ?

L'une d'elles, assise, tient un instrument de musique. Elle n'en joue pas à cet instant car elle tient une lettre. L'autre femme est restée debout. Grâce à cela, et surtout d'après leurs vêtements, on comprend qu'il existe une différence importante entre elles. L'une est une dame élégante et l'autre est la servante. Cette dernière vient d'apporter la lettre.

✦ On voit tout de suite la robe jaune.

Le peintre attire l'attention sur la femme assise parce que c'est elle qui reçoit la lettre. Cette lettre, quelqu'un l'a écrite. Ensuite quelqu'un d'autre l'a ramassée, portée jusqu'à cette maison ; enfin elle est arrivée à destination : dans les mains de la dame elle-même. Tout cela donne beaucoup d'importance à cette dernière, et la façon dont elle est éclairée l'indique bien : la lumière du dehors vient se refléter sur sa robe jaune d'or et fait briller ses perles.

✦ Le bonnet de la servante est éclatant.

C'est le point le plus lumineux de l'image, avec son col et son tablier. De nos jours, ce personnage pourrait figurer dans une publicité pour une marque de lessive. La bonne tenue de la maison est sous la responsabilité de la servante : le blanc éclatant du linge qu'elle porte est la meilleure preuve de son efficacité. On peut lui faire confiance... D'ailleurs, la Hollande du XVIIe siècle avait la réputation d'être le pays le plus propre d'Europe. Les maisons, si souvent lavées de fond en comble, étaient constamment humides, si bien que les voyageurs se plaignaient des rhumes qu'on y attrapait à cause de cette « étrange » habitude.

✦ Il y a un balai et des chaussures en travers de la porte.

La servante, en train de nettoyer le sol à grande eau, aura tout laissé là. Comprenant que le message ne pouvait attendre, elle a interrompu son travail pour aller remettre la lettre à sa maîtresse. Ses manches sont retroussées, on imagine son geste lorsqu'elle s'est s'essuyé les mains sur son tablier tout en retirant ses sabots...

Qu'y a-t-il dans la partie droite du tableau ?

Une chaise tendue de velours sombre, ornée de clous dorés, sur laquelle on a laissé des vieux papiers et des torchons. La servante est passée par là mais n'a pas fini de ranger. C'est une partie du tableau obscure, le peintre la cache un peu comme pour dire : « Entrez, ne faites pas attention au désordre. » Bien sûr, c'est toujours à ce moment-là qu'on le remarque... Vermeer fait exprès de nous montrer quelque chose qu'on ne devrait peut-être pas voir...

À quoi sert le grand rideau ?

Dans la réalité, il sert à éviter les courants d'air. La maison est fraîche et une portière de velours bien épais est une bonne façon de se préserver. Le peintre tient compte des aspects de la vie quotidienne et il en joue dans sa peinture : en relevant le rideau, il fait entrer l'air froid, mais aussi le regard du spectateur. Son tableau devient ainsi un petit théâtre très indiscret.

Quel est l'objet noir, près du panier ?

C'est un coussin sur lequel on posait son ouvrage de broderie ou de couture. Le grand panier d'osier contient peut-être du linge à raccommoder... De toute façon, la maîtresse de maison n'avait pas la tête à ça, elle l'a mis de côté. On ignore à quoi elle pensait, mais à ce moment-là, la musique convenait sans doute mieux à son état d'esprit que les travaux d'aiguille. Le tableau la surprend dans son intimité, elle se laissait aller, elle avait le vague à l'âme... C'est ainsi que l'a trouvée la servante en lui tendant sa lettre.

Que représentent les tableaux, sur le mur ?

Ce sont des paysages. Celui du bas est une marine, on y voit un bateau sous un ciel radieux. L'autre montre une vue de la campagne, avec quelqu'un qui se promène et il y fait moins beau. En Hollande à cette époque, il était courant d'avoir des tableaux chez soi. On n'avait pas besoin d'être un collectionneur pour cela. La peinture faisait partie du mobilier, au même titre que d'autres objets. Vermeer en montre souvent dans ses propres peintures, pour aider à deviner l'humeur des personnages. Ici, on comprend que l'esprit de cette femme est ailleurs, il « voyage »...

Que contient cette lettre ?

Tout est là. On ne le saura jamais. On ignorera aussi qui l'a écrite... Mais le peintre a semé quelques indices : la destinataire de la lettre, très joliment habillée, prend grand soin de son apparence. Les tableaux au-dessus d'elle font écho à ses pensées qui voguent loin de ses devoirs domestiques. Après s'être dépêchée de remettre la missive, la servante s'attarde pour observer la réaction qu'elle provoque... La musique traduit la recherche de l'harmonie... Tout s'accorde pour faire penser qu'il s'agit d'une lettre d'amour...

Pourquoi les deux femmes ne se parlent-elles pas ?

Rien ne doit être dit. Aucun nom, aucun sentiment, ne doit être exprimé tout haut. Leur échange se passe au niveau des regards, il est aussi secret que le contenu de la lettre elle-même. Elles se portent simplement la plus grande attention l'une à l'autre. Tous les tableaux de Vermeer privilégient de tels moments. Avec lui, c'est le silence qui compte, la façon dont il tombe subitement parce qu'un minuscule événement a rompu le cours ordinaire des choses... La musique s'est arrêtée, elles se taisent... On reste suspendu devant le tableau, on pourrait attendre là éternellement que quelque chose se passe et que la vie reprenne...

Pourquoi toutes les couleurs vives sont-elles au centre du tableau ?

Les couleurs vives désignent le centre du tableau et sont en même temps le moteur de l'histoire. La maison est un refuge, elle est solide, confortable. Mais ce sont les êtres vivants qui créent à l'intérieur un noyau de pensée et d'émotion. Avec eux, avec ces deux femmes, tout se met à vibrer. Le bleu et le jaune se font face, ils se répondent comme le froid et le chaud, comme l'obscurité et la lumière. Ils disent que les choses changent et qu'elles sont un éternel recommencement. Le soleil rayonne, la nuit arrive, les sentiments de la dame font la pluie et le beau temps, elle change d'idée, elle s'exalte ou elle se refroidit...

Pourquoi le peintre a-t-il employé autant de lignes droites ?

La géométrie donne à son tableau une structure très forte. Elle organise la surface et crée une illusion irrésistible de profondeur. Les lignes du sol entraînent automatiquement les yeux vers les personnages. L'alternance calculée des verticales et des horizontales traduit l'ordre et l'équilibre. Les deux femmes se trouvent encadrées par les lignes de la porte et de la cheminée. Tout est à sa place...

Et pourtant, à l'intérieur de ces limites contraignantes, quelque chose d'irrationnel se produit. Dans ce monde si raisonnable, rien n'empêchera le cœur de la dame de frémir quand même.

Le Colosse ou *La Panique*

1808-1810, huile sur toile, 116 cm x 105 cm
Musée du Prado, Madrid, Espagne
Francisco de Goya y Lucientes (Fuentetodos, Aragon, 1746 – Bordeaux, 1828)

16

✦ **C'est un géant !**

Le tableau s'intitule *Le Colosse*, ce qui veut dire à peu près la même chose. Ce colosse est plus grand qu'une montagne et sa force doit être extraordinaire, car il a des muscles très puissants.

✦ **Comment s'appelle-t-il ?**

Il n'a pas de nom. Personne ne sait qui il est. On voit qu'il a l'air en colère parce qu'il serre les poings, mais on ignore pourquoi et contre qui il l'est.

✦ **D'où vient-il ?**

C'est impossible à deviner. Il arrive peut-être de l'autre côté de la terre, ou bien il est apparu dans le ciel, tout à coup. La moitié de son corps émerge à l'horizon : c'est donc très loin. Pourtant, à cause de sa taille, il semble être tout près... On ne peut pas vraiment le situer.

✦ **Peut-être va-t-il se retourner ?**

En tout cas, il donne l'impression d'avancer. Rien ne dit dans quelle direction il va aller, mais l'important, c'est que l'on perçoive qu'il est en marche. Ce n'est pas une image immobile dans les airs, il pèse lourd, ses pas dérangent les nuages et font trembler la terre.

✦ **Tout le monde se sauve.**

On distingue à peine les personnages, trop éloignés et trop nombreux, mais on se rend bien compte qu'ils s'enfuient. Il y a là plusieurs convois, avec des chariots, des gens à cheval, des troupeaux qui galopent tout seuls. Et ceux qui n'ont pas d'autre solution que d'aller à pied. Ce qui est sûr, c'est qu'ils ne partent pas d'une manière organisée, ils vont dans tous les sens. Visiblement, personne n'a eu le temps de se préparer à quoi que ce soit.

✦ **Pourquoi le petit âne ne bouge-t-il pas ?**

Les ânes ont la réputation d'être têtus. Celui-ci, vers le bas du tableau, en est un exemple : tout le monde se dépêche et lui reste sur place. À moins qu'il ne soit terrifié lui aussi, et que sa peur ne l'empêche de bouger. On imagine le bruit des cavalcades, les cris, les pleurs. Au milieu de tout cela, il est comme paralysé.

✶ **Les gens ont-ils une chance d'échapper au colosse ?**

Il pourrait en écraser des dizaines et des dizaines d'un seul coup. Le fera-t-il pour autant ? Le tableau ne montre rien de plus précis qu'une menace et c'est peut-être le pire : on ne sait pas à quoi s'attendre. Mais il est évident que les chances ne sont pas égales. S'il passe à l'attaque, ils n'ont aucun espoir de pouvoir se défendre.

✶ Peut-être fuient-ils autre chose ?

C'est possible. Après tout, rien ne prouve que ce colosse soit agressif envers eux. La cause de leur peur est peut-être ailleurs, invisible pour nous. On peut même imaginer que le colosse, tourné vers l'endroit qu'ils viennent de quitter, se tient prêt à les défendre. S'ils se dirigent vers nous, ce n'est peut-être pas pour s'éloigner de lui, mais parce qu'il retient en arrière ce qui les menace...

✶ De quoi ces gens ont-ils peur ?

Ils sont effrayés au point de s'enfuir sans rien prendre avec eux ou presque (ils n'ont peut-être plus grand-chose à emporter). Il ne s'agit pas de quelques personnes isolées, ce sont des flots entiers d'habitants qui ont quitté leur maison pour se transformer en cohortes de réfugiés. Des gens comme ceux que Goya a peints, les informations télévisées en montrent presque quotidiennement... Ils n'ont pas le choix, ils font ce qu'ils peuvent pour rester en vie malgré les catastrophes et les guerres.

✶ Pourquoi Goya n'a-t-il pas représenté clairement la guerre ?

Il en montre un aspect que l'on voit moins souvent dans la peinture. Un peintre montre généralement les batailles, les héros et leurs victoires. Mais Goya choisit un autre point de vue, celui des petites gens. Ils ne font la guerre à personne, ils ne savent parfois même pas pourquoi elle a lieu. Ils la subissent. Tout ce qu'ils voient, comme nous devant le tableau, c'est qu'ils sont obligés de s'en aller tête baissée, probablement au hasard. Ce colosse est tellement énorme qu'ils ne peuvent même pas le voir clairement ; il les domine comme un nuage d'orage tout noir. Ils doivent fuir sans comprendre ce qui leur arrive.

✶ Pourquoi Goya a-t-il peint une créature imaginaire ?

Le tableau est ainsi plus complexe : ce colosse peut représenter un danger qui effraie les gens, il peut symboliser la guerre. Il pourrait au contraire venir les sauver d'un autre ennemi... Enfin, il n'est peut-être pas ce qui fait peur, mais la peur elle-même, une peur qui submerge, qui rend presque fou. C'est pourquoi le tableau est aussi intitulé *La Panique*. Dans les trois cas, Goya a peint une idée, une sensation, quelque chose qui résistait à toute description. Il l'a traduit par ce personnage à la fois inconnu et démesuré.

✶ Le peintre n'a pas détaillé la scène.

Il a travaillé d'une façon qui paraît d'abord brutale, avec des taches de couleur, des coups de pinceau visibles à l'œil nu. Les gens s'échappent, la peinture est comme eux, elle a à peine le temps de se poser. Elle ne peut pas s'attarder. Goya a tracé ses personnages avec une nervosité qui trahit leur fragilité et leur hâte. Ils ne sont que des anonymes, la foule. Ils n'ont pas de visage. On ne connaîtra jamais rien de leurs histoires individuelles. Quant au colosse, il est travaillé avec des touches beaucoup plus larges, comme les nuages qui l'entourent. Sa force s'exprime autant par le mouvement du pinceau que par ses proportions.

Goya a-t-il peint ici un événement précis ?
Goya fait probablement allusion aux campagnes de Napoléon, encore qu'on ne sache pas si le colosse représente la menace française dirigée contre le peuple espagnol ou le génie de l'Espagne qui veille sur lui... Mais, en admettant qu'il ait peint une circonstance historique particulière, il l'a fait sans donner aucune précision. Il en a tiré une vérité générale, un commentaire sur toutes les guerres. Son tableau pourrait s'appliquer à n'importe quelle catastrophe, de n'importe quelle époque et n'importe où.

Comment se fait-il que le sujet de ce tableau soit aussi incertain ?
Si Goya avait voulu peindre une image absolument claire, il l'aurait fait sans difficulté. L'incertitude qu'elle suscite n'est pas due à une quelconque faiblesse de sa part. Elle en constitue au contraire l'une des richesses. La réalité y est abordée dans ce qu'elle a d'incompréhensible. Tout le monde, à un moment donné, peut se trouver plongé dans quelque chose qui le dépasse. Les personnages de Goya, dans leur confusion, ne pensent plus : ils ne fonctionnent que par réflexes. L'émotion l'emporte sur la raison. Le spectateur du tableau participe d'autant mieux à cela qu'il prend conscience de sa propre incapacité à trancher : le colosse est-il allié ou ennemi ? La seule vérité, c'est la peur.

Goya est-il célèbre pour des sujets dramatiques ?
Plus jeune, il a peint des scènes de la vie quotidienne joyeuses et légères : c'étaient des cartons de tapisseries (des modèles pour la réalisation de tentures), commandés par la famille royale. Il a aussi été l'un des plus grands portraitistes de son temps. Mais la dimension dramatique du *Colosse* est effectivement l'un des ressorts majeurs de son œuvre. Il a été l'un des tout premiers à matérialiser ce qui n'a pas de forme, par exemple la peur. Avant lui, on représentait bien sûr certaines créatures invisibles comme les dieux, les anges ou les démons. En respectant les codes, tout le monde s'accordait à peu près sur l'apparence à leur donner. Une figure comme le *Colosse* n'a pas d'équivalent. C'est la projection d'une angoisse qui abolit la parole.
Goya a inventé des images qui puisent au plus profond de l'humain et, pour cela, elles échappent à l'histoire. Il a peint ce que les mots ne savent pas nommer.

Le Poète pauvre

1838, huile sur toile, 36,2 x 44,6 cm
Neue Pinakothek, Munich, Allemagne
Carl Spitzweg (Munich, 1808 – *idem*, 1885)

17

✦ **Ce monsieur est tout habillé dans son lit !**

Quand on se couche tout habillé, c'est qu'il fait vraiment très froid : par la fenêtre on aperçoit les toits recouverts de neige. Ce monsieur a pris soin de mettre un bonnet de nuit. De nos jours on n'en porte plus mais c'était utile à l'époque : les maisons étaient mal chauffées.

✦ **Pourquoi est-il couché pendant la journée ?**

Apparemment il n'a ni fauteuil, ni chaise, ni tabouret. À moins de s'asseoir par terre ou de rester debout, il n'a pas tellement le choix. Quitte à s'installer sur le lit, autant se glisser sous la couverture, ça tient plus chaud.

✦ **Le plafond de sa chambre est en pente.**

L'homme habite sous les toits, dans ce que l'on appelle une mansarde. Ce n'est ni très grand, ni très confortable. On voit la porte d'entrée à droite, un énorme poêle de l'autre côté et une petite fenêtre au fond. Pour sa toilette, il n'a qu'une cuvette et il fait sécher sa serviette sur un fil. Un clou au mur lui suffit pour suspendre son manteau...

✦ **Il y a un parapluie au-dessus de son lit.**

Il l'a accroché là avec des ficelles parce que les trous dans le toit laissent passer la pluie. La réparation des fuites serait sans doute plus efficace, mais aussi beaucoup trop chère pour lui. Alors il se débrouille avec les moyens du bord, en s'arrangeant pour ne pas se cogner la tête dans le manche du parapluie.

✦ **Son parapluie est déchiré.**

Ce vieux parapluie rapiécé a déjà beaucoup servi ; il est déchiré d'un côté, de l'autre une baleine dépasse... Mais il est encore utilisable. Cela doit faire un certain temps que ce monsieur-là n'a rien acheté de neuf. Sa couverture s'effiloche et sa veste est trouée au coude.

✶ **Pourquoi n'allume-t-il pas le poêle ?**

Il faut du bois pour faire du feu, et il n'a pas de quoi en acheter. Il a déjà brûlé ce qu'il pouvait pour se chauffer, ce qui explique pourquoi il n'a plus de chaise, pas de table et même pas de lit (son matelas est posé directement par terre). Tout est parti en fumée. Maintenant il ne lui reste plus aucun meuble.

✶ **Que fait-il ?**

Il réfléchit à ce qu'il va écrire. Le titre du tableau nous apprend qu'il s'agit d'un poète et on le voit en train de travailler. Il tient des feuillets de papier sur ses genoux et il a coincé sa plume d'oie entre ses dents ; l'encrier presque vide est posé sur une boîte à côté de lui. Avec l'autre main, il compte sur ses doigts le nombre de pieds (de syllabes) qu'il a en tête afin de composer un poème bien équilibré... Mais il est également possible qu'il fasse une chiquenaude pour chasser une puce.

Pourquoi est-il aussi pauvre ?

Son métier d'écrivain n'est pas un travail régulier qui lui permet de gagner sa vie correctement. Il n'est employé nulle part. Après avoir écrit ses poèmes, il lui faut trouver un journal qui accepte d'en publier au moins un. Cela n'arrive pas souvent et ne lui rapporte que très peu d'argent, dans le meilleur des cas juste assez pour manger.

N'a-t-il vraiment qu'une seule botte ?

Non, simplement on en voit une seule, qui traîne au premier plan du tableau. On se doute qu'il l'a abandonnée à l'endroit où il l'a retirée puisqu'elle est à côté du tire-botte (c'est l'objet en bois par terre : on bloquait le talon dans la petite ouverture et l'on extrayait sa jambe de la botte). L'autre botte doit se trouver dans un coin, là où le poète l'aura laissée tomber, sans y prêter davantage d'attention qu'à la première : le peintre nous fait comprendre que son personnage a l'esprit occupé par autre chose que les détails du quotidien. C'est un artiste, ses poèmes lui importent bien davantage que l'alignement de ses chaussures...

Ses livres sont par terre.

Ce sont de gros volumes reliés de cuir, bien vieux, qu'il a empilés sur le sol puisqu'il n'a pas de bibliothèque. D'ailleurs, c'est plus commode, il n'a pas besoin de sortir du lit pour les prendre. Il peut consacrer l'essentiel de son temps à lire, à étudier et à écrire ses propres œuvres. Ses livres lui sont certainement précieux ; en dehors de ses vêtements, ils sont à l'évidence tout ce qu'il possède.

On voit des liasses de papier près du poêle.

Ce sont ses manuscrits. Il les a sans doute jetés là en rentrant chez lui ; sa canne est appuyée contre le mur, tout près. On ne dirait pas qu'il en prenne grand soin... Il est possible qu'il s'en serve pour allumer son prochain feu, quelques feuilles sont déjà dans le poêle. Au moins, si ses poèmes ne lui font pas gagner d'argent, ils pourront toujours lui tenir chaud.

Malgré sa situation, le personnage n'a pas l'air désespéré.

Le peintre n'a pas vraiment cherché à donner l'image de la misère. Il en décrit les signes matériels, le plafond qui fuit, l'absence de meubles, le poêle éteint, mais cela reste une sorte de décor. C'est une vision idéalisée de la pauvreté : il la montre comme un inconvénient sans conséquences, non comme une source de détresse. Il insiste même sur la façon dont le poète se débrouille pour tirer avantage de tout. Le poêle reste froid ? Il est donc parfait pour y accrocher un chapeau. Il n'y a pas de bibliothèque ? Tant mieux, ce n'est plus la peine de se lever pour choisir un livre. Il n'y a plus rien à brûler ? Voilà une excellente occasion de se débarrasser de vieilles paperasses...

À cette époque, était-il habituel pour un poète de vivre ainsi ?

Il était très difficile voire impossible de vivre de sa seule plume. Mais le personnage de Spitzweg est manifestement un rêveur... La plupart du temps, un écrivain travaillait comme professeur ou bien dans un bureau, et consacrait le reste de son temps à l'écriture. Même minime, son salaire lui assurait ainsi le gîte et le couvert. Se dédier tout entier à son art comme notre « poète pauvre » aurait peut-être paru plus noble, mais dans la réalité cette noblesse-là n'empêche pas d'avoir faim... Spitzweg le savait bien, lui qui n'avait eu la chance de pouvoir se consacrer à la peinture que grâce à un héritage. La situation n'a pas tellement changé aujourd'hui. Peu d'auteurs auraient les moyens d'écrire sans exercer, parallèlement, une autre profession...

C'est un tableau plutôt amusant, ce n'est pas souvent le cas.

Dans l'histoire de la peinture, il est vrai que ces sujets-là sont assez rares. Dans l'ensemble, la vocation des tableaux n'était pas de faire rire, mais d'inculquer des notions religieuses ou morales, de transmettre un savoir. Cela étant, dès le XVIe siècle et plus encore au XVIIe siècle, les peintres flamands avaient une approche assez humoristique de certains sujets observés dans la vie ordinaire : le désordre d'une fête de famille, les effets de la gloutonnerie ou des excès en tout genre... Les intentions de Spitzweg sont certainement moins satiriques et l'on perçoit une certaine tendresse pour son personnage : après tout, lui aussi vivait sous les toits, à Munich... Il se contente de l'observer sans trop s'approcher, comme on le ferait avec quelqu'un d'un peu excentrique dont on respecte les drôles de petites habitudes.

Ce tableau a-t-il eu du succès ?

Oui, cette œuvre a toujours beaucoup plu, éveillant au XIXe siècle le même genre de sympathie que maintenant. Son charme vient en partie du fait qu'elle combine une vision quotidienne et un total idéalisme : on reçoit la meilleure part des deux. L'aspect le plus familier est plaisant parce qu'il permet de se projeter dans le tableau, de s'imaginer à la place du poète qui au fond ne fait que ce qui lui plaît. L'autre aspect est tout aussi satisfaisant parce qu'il propose une version très adoucie, très embellie, des difficultés concrètes. Rien ne paraît vraiment grave, les ennuis attendront... À regarder le poète de Spitzweg, on se convaincrait presque qu'il est possible de vivre comme on dit « d'amour et d'eau fraîche »...

Pluie, vapeur et vitesse. Le Chemin de fer Great Western

Avant 1844, huile sur toile, 91 x 122 cm
National Gallery, Londres, Angleterre
Joseph Mallord William Turner (Londres, 1775 – *idem*, 1851)

18

✦ **On n'y voit presque rien.**

C'est vrai, le tableau est empli de brouillard. Quand on le regarde, on plonge dans les couleurs, elles enveloppent tout comme du coton. On se sent un peu perdu, il y a très peu de chose à quoi se raccrocher pour trouver son chemin.

✦ **La route est bien droite.**

En fait, il s'agit d'un viaduc. On comprend mieux quand on aperçoit le deuxième pont à gauche, plus éloigné et plus clair, parce que l'on se rend compte qu'il repose sur de grandes arches. Sur le grand pont sombre du premier plan, on devine la ligne des rails et surtout, on voit la locomotive qui arrive. L'extrémité du train est encore invisible, dans le fond du tableau.

✦ **Il y a un petit bateau sur le côté gauche.**

Il est important pour faire comprendre justement que c'est de l'eau et non pas la terre ferme. Autrement ce ne serait pas évident. Et puisqu'il est tout petit, on suppose qu'il est très loin : on sait alors que le tableau représente un vaste espace.

✦ **On dirait qu'il y a une boule de feu au milieu du tableau.**

C'est un effet de lumière. Le soleil se reflète dans l'eau et brille tellement que l'on croirait que tout a pris feu. Turner aimait peindre ce genre d'éclairage, quand les choses sont si lumineuses que l'on a l'impression de s'y brûler les yeux. On ne reconnaît presque plus rien.

✦ **C'est comme si le tableau était presque effacé.**

La pluie et la vapeur de la locomotive brouillent le paysage. Le train passe si vite qu'on n'a pas le temps d'en voir grand-chose. Pour rendre cette atmosphère spéciale où tout se mélange, le peintre a travaillé avec des quantités de couleurs, sans préciser aucun contour. Les longues touches qui balaient le ciel donnent l'illusion de la pluie. On imagine très bien ce que perçoivent les passagers par les fenêtres du train : des formes vagues qui défilent, les gouttes d'eau sur les vitres, le vent qui siffle.

✶ **Pourquoi avoir choisi ce sujet ?**

Le train était alors une chose complètement nouvelle. Jamais auparavant on n'aurait cru possible de voyager ainsi et aussi vite. Ça paraissait magique. Tout le monde était rempli d'admiration devant la puissance et l'efficacité de ces machines. En peignant un train, Turner ne représente pas un simple objet, il peint la véritable star de l'époque. Deux ans auparavant, la reine d'Angleterre, Victoria, avait elle-même inauguré cette ligne de chemin de fer.

✶ Pourquoi le peintre n'a-t-il pas montré le train entier ?

Ça n'aurait pas été aussi excitant de le décrire d'une façon documentaire. Turner a préféré créer un effet de surprise, comme si l'on était vraiment là au moment où il arrive : on ne sait pas encore ce qui se passe, on entend un grondement, un nuage de vapeur apparaît et tout à coup une grande chose noire et luisante débouche de nulle part... C'est la locomotive !

✶ Le fond de l'image est complètement flou.

La pluie empêche de voir les lointains, la vapeur de la locomotive aussi et elle s'ajoute au brouillard. Le tableau y gagne une dimension mystérieuse : on ne voit pas d'où sort le chemin de fer, il surgit directement de l'horizon, autant dire du ciel lui-même. Turner connaissait l'itinéraire de ce train, qui depuis Londres se dirigeait vers Bristol, mais en le peignant ainsi, il l'a rendu plus impressionnant, presque surnaturel.

✶ Y a-t-il des personnages dans ce tableau ?

Oui, à gauche du pont, quelques-uns agitent les mains au passage du train. D'autres se trouvent à bord du petit bateau sur la Tamise ; dans la partie droite du tableau, un paysan travaille aux champs. Le pêcheur et le laboureur représentent le monde des traditions, ils travaillent comme on le faisait déjà au Moyen Âge. Le train au contraire appartient au monde moderne, au nouvel âge de l'industrie. Il est bruyant et rapide. L'image met les deux modes de vie en parallèle, sans pour cela les opposer. Le chemin de fer s'intègre au paysage et ne perturbe pas les vieilles habitudes. Chacun continue son petit bonhomme de chemin dans un monde qui n'arrête pas de changer...

✶ À quelle vitesse ce train roulait-il ?

L'année précédant l'exécution du tableau, en 1843, on avait mesuré que dans une descente, il atteignait environ 120 km/h. Pour l'époque, c'était déjà une vitesse considérable, un record en Europe. Pourtant, Turner a peint un lièvre qui s'enfuit devant la locomotive : bien que tout petit et si menu devant la machine, c'est encore lui qui l'emporte en rapidité (pure fantaisie de l'artiste, un lièvre ne dépassant pas les 70 km/h). On peut se demander si Turner ne se moque pas un peu du train, à moins qu'il ait simplement pensé à deux façons différentes de poursuivre le même but : repousser ses propres limites.

✶ Était-il habituel de peindre des chemins de fer à cette époque ?

Non, on les admirait souvent en tant que réalisations techniques, sans forcément y trouver un sujet de tableau intéressant. Pour certains artistes, les trains avaient même quelque chose d'effroyable et de repoussant. Quant au public, il appréciait surtout les tableaux qui racontaient des histoires, ou les paysages bien calmes, qui donnaient envie de s'y promener ou de s'y reposer. Le tableau de Turner était donc une exception, quelque chose de très audacieux. Vingt-cinq ans plus tard environ, Monet peindra lui aussi des trains, dont l'usage se développe alors en France.

✷ **Turner voyageait-il beaucoup ?**

Oui, un peu partout en Angleterre, et aussi en Italie, à Venise. Il profitait de ses nombreux voyages pour noter précisément sur un calepin le temps qu'il faisait, les couleurs du ciel selon les différences de température. Il suivait de près les variations de la météo et ses tableaux rendent compte de ces données. Sa volonté de peindre la vérité des sensations était telle qu'il ne reculait devant aucun obstacle : un jour, il partit en mer alors que la tempête faisait rage, pour s'informer du mieux possible sur ce que l'on affrontait en pareille situation. Il s'était fait attacher au mât du bateau où il dut rester pendant quatre heures...

✷ **En dehors du pont, il n'y a pas de lignes dans ce tableau.**

Le viaduc de Maidenhead venait d'être construit. C'est l'ingénieur de la compagnie du chemin de fer Great Western qui l'a réalisé en 1839, et naturellement Turner l'a mis en valeur en tant que témoignage du progrès industriel. Sa forme correspond aussi à l'un des aspects significatifs de son travail : professeur de perspective à l'Académie royale des Beaux-Arts pendant plusieurs années, il enseignait à ses élèves comment créer l'illusion de la profondeur, en utilisant par exemple des diagonales. Le motif principal de cette peinture en fournit le modèle parfait.

✷ **Le titre du tableau est formulé d'une façon inhabituelle.**

Au lieu de nommer seulement les objets comme le viaduc ou la locomotive, le titre énonce ce qui empêche de bien les voir : la pluie, la vapeur, la vitesse. Le titre fait plus que décrire l'image, il constitue son mode d'emploi : d'abord on voit mal (pluie, vapeur, vitesse), ensuite on situe le sujet (le chemin de fer).

En outre, il indique trois directions très précises dans l'espace. Une verticale qui descend (la pluie), une autre qui monte (la vapeur) et une horizontale qui les traverse (la vitesse). Toute l'image repose sur cette rencontre d'énergies opposées, sur cette sensibilité aux contrastes.

✷ **On dirait une apparition.**

Les couleurs flottent, détachées du monde terrestre ou presque. Le peintre parvient à concilier la rigueur de ses observations et l'irréalité des songes. On se laisse emporter par le tableau comme par un nuage... On perd pied. Turner tenait beaucoup à provoquer cette sensation. Lorsqu'il recevait des visiteurs dans son atelier, il les faisait d'abord patienter dans une pièce obscure, le temps de les mettre en condition. Puis, quand leurs yeux s'étaient accoutumés à l'ombre, il les menait devant l'une de ses peintures... Ils étaient alors éblouis par la somptuosité des couleurs, comme des aveugles qui auraient subitement retrouvé la vue. Regarder un tableau était devenu une révélation.

Le Déjeuner

Vers 1873–1874, huile sur toile, 160 x 201 cm
Musée d'Orsay, Paris, France
Claude Monet (Paris, 1840 – Giverny, 1926)

19

✦ **Il fait beau !**

Monet aime peindre la lumière du soleil. Il s'est installé dans le jardin, après le déjeuner. La table n'est pas encore desservie, il reste des verres de vin, un peu de pain, des fruits. On n'est pas pressé... La belle cafetière en argent est encore là, avec les tasses. Le café a dû refroidir...

✦ **Qui est le petit enfant qui joue ?**

C'est Jean, le fils du peintre qui est assis par terre à l'ombre ; on ne voit pas vraiment ce qu'il fait mais cela ressemble à un jeu de construction. Il est concentré, il s'applique. Il ne fait pas du tout attention au peintre qui le regarde. Chacun travaille à sa manière. C'est un moment très calme.

✦ **On voit des dames au fond.**

Tout le monde s'est levé pour faire un petit tour. De temps en temps, sa maman doit jeter un petit coup d'œil sur Jean, sans le déranger. Aussi les dames ne s'éloignent-elles pas trop. En les voyant si petites derrière les massifs de fleurs, on se rend compte que le jardin, lui, est plutôt grand.

✦ **Quelqu'un a oublié son chapeau.**

On l'a peut-être accroché là parce qu'il était tombé, et puis on l'a laissé. Le soleil n'est plus aussi fort... L'ombrelle est restée là, près d'un panier sur le banc de bois. Il fait très clair, mais il ne doit plus faire aussi chaud. D'ailleurs, l'air — pas vraiment du vent, une brise légère — agite doucement les rubans du chapeau.

✦ **Il n'y a pas de chaises autour de la table !**

Il est possible qu'on soit venu dans le jardin seulement pour le café, alors on pouvait s'asseoir tranquillement sur le banc. Ou alors le peintre a omis de les dessiner pour ne pas encombrer le tableau de trop de lignes et d'angles. Dans la vie, on a besoin de chaises, mais dans le tableau on peut s'en passer...

✦ **Ce tableau ne raconte rien du tout.**

C'est exactement ce que voulait Monet : montrer un moment où tout va bien, où rien de spécial ne se passe. On se promène, on se repose, on bavarde. Si on entrait dans le tableau, on s'y sentirait bien, on n'y trouverait rien d'inhabituel, c'est la vie toute simple.

✶ **Pourquoi ne voit-on personne à table puisque le tableau s'appelle *Le Déjeuner* ?**

C'est vrai, le titre ne décrit pas exactement l'image. Il ne montre pas le repas, mais ce qui vient après, l'atmosphère liée au déjeuner, les sensations qui vont et viennent. Ce n'est pas banal non plus de peindre la table vide au centre. Les figures se sont dispersées... Mais on sait bien que cette table peut les réunir. Elle donne l'idée de la famille qui s'y rassemble, même si maintenant les gens sont ailleurs.

✶ **Il y a beaucoup de blanc dans le tableau.**
Monet a donné un rôle très important à la nappe, c'est elle qui concentre la lumière : bien qu'on ne voie pas du tout le ciel, le tableau est éclatant de soleil. Les robes des dames là-bas jouent le même rôle en plus petit, pour le fond de l'image. D'ailleurs, le plus étonnant est encore que ce blanc-là est en fait composé de bien des couleurs : du rose, du bleu, du mauve... Tous les reflets viennent s'y mêler et pourtant, oui, c'est toujours du blanc...

✶ **Monet a-t-il vraiment peint dans le jardin ?**
Oui, pour lui, les choses devaient être peintes là où elles se trouvaient. Donc, s'il voulait représenter une vue du jardin, il se mettait dans le jardin. Avant cette époque, l'habitude était de travailler à l'intérieur, dans un atelier, quel que soit le sujet. Les peintres disposaient ainsi de tout leur temps mais l'éclairage n'avait rien à voir avec la lumière du dehors. Monet observait les choses sur place, dans la nature, pour les peindre au fur et à mesure.

✶ **Qu'est-ce que ça change de peindre dehors ?**
Ça change tout. On est gêné par tout ce qui bouge. La journée passe vite et le temps change. Il faisait beau, et puis il fait gris, le ciel se couvre et ainsi de suite. Il faut attendre pour retrouver la gamme de couleurs, la lumière dans laquelle on avait commencé. Parfois, le soleil est tellement fort qu'il blesse les yeux. Tout évolue vite, on doit poser la couleur sans hésiter, sinon c'est trop tard, le motif choisi n'existe déjà plus : il y avait là un rayon de soleil entre deux nuages et tout à coup, les nuages s'alourdissent, il n'y a plus rien.

✶ **Monet peignait-il très vite ?**
Moins qu'il n'y paraît. Il aurait sans doute aimé peindre aussi vite que ce qui se produisait autour de lui : un nuage qui change, un ruban qui vole, un reflet qui flotte... Mais c'est impossible. Monet passait beaucoup de temps à observer, il entraînait ses yeux. Le plus difficile, c'était de donner l'illusion que tout était apparu sur la toile en un instant. Il travaillait longtemps pour poser ne serait-ce qu'une seule touche de couleur...

✶ **Pourquoi le peintre a-t-il montré des formes imprécises ?**
Quand on regarde quelque chose, on n'en a le plus souvent, comme ici, qu'une vision d'ensemble. Il est absurde de croire que l'on puisse voir par exemple les feuilles d'un arbre une par une avec leurs formes exactes. On perçoit une masse générale, des couleurs. C'est ce que veut traduire Monet. En s'abstenant de tracer des contours précis, il a refusé de tricher sur ce qu'il voyait.

✷ C'est plus facile de faire des formes vagues que de dessiner.

Non, c'est une autre façon de travailler. Dessiner avec minutie permet de décrire un objet : de la rose qui est sur la table par exemple, on serait capable d'énumérer tous les détails, de repérer les nuances infimes des pétales, des feuilles. Mais un autre choix est envisageable : celui de peindre les choses comme elles ont l'air d'être, et non comme elles sont. Dans ce cas, la même rose se résume à une masse de couleur, rien de plus. Pourtant on peut jurer que c'est bien une rose. Et ç'est là le défi de Monet : saisir l'essentiel d'une apparence que le regard effleure...

✷ D'autres peintres que Monet peignaient-ils dehors ?

Monet a été l'un des premiers à travailler systématiquement en plein air. Mais ses camarades Sisley, Renoir, l'ont fait aussi ainsi que Pissarro et d'autres artistes. Ils ont bénéficié d'une nouveauté : les couleurs en tubes, faciles à transporter. Cela les a certainement encouragés. Et puis les gens découvraient les chemins de fer. En train, avec la vitesse, le paysage leur paraissait différent, brouillé, ils n'avaient plus le temps de tout voir. Monet et les autres ont peint ces nouvelles sensations.

✷ Pourquoi dit-on que Monet est un « impressionniste » ?

Au départ, c'était une moquerie : en 1874, il avait exposé un tableau, *Impression, soleil levant*, où l'on ne voyait que des formes très imprécises : de là, le terme « impressionniste ». Pour beaucoup, ce tableau donnait la preuve que Monet ne savait pas dessiner, qu'il livrait au public une peinture bâclée (à cette époque, « impression » signifiait aussi « esquisse »). Personne ne se doutait que toute la peinture, avec lui, allait changer, qu'elle s'attacherait désormais à de menues choses, aussi fragiles, aussi volatiles qu'une « impression » sans lendemain...

✷ Aujourd'hui, tout le monde aime la peinture des impressionnistes.

Ce n'était pas du tout le cas à leur époque. Le public préférait admirer des hauts faits, des célébrités, des paysages spectaculaires, apprendre au minimum une anecdote... Mais aujourd'hui, on trouve rassurant de voir ces moments de vie ordinaire. Tout le monde a déjà vécu un jour ensoleillé, un déjeuner en famille, une balade. Quand on regarde un tableau comme celui-ci, même si c'est pour la première fois, il est tout de suite familier. Il n'y a rien à comprendre, aucun savoir à interroger, on ne se sent ni ignorant ni désorienté, on est chez soi.

Les Repasseuses

Vers 1884–1886, huile sur toile, 76 x 81 cm
Musée d'Orsay, Paris, France
Edgar Degas, Paris, 1834 – *idem*, 1917

20

✦ **Que font ces femmes ?**

Elles sont en train de travailler en exerçant leur métier de repasseuses. Elles sont dans une blanchisserie, une boutique où l'on fait laver et repasser le linge.

✦ **Il n'y a pas de machine pour repasser ?**

À l'époque où elles vivaient, on faisait tout à la main ; les fers à repasser électriques n'existaient pas encore. On devait faire chauffer les fers grâce à un poêle (la forme sombre, derrière). Ensuite, on récupérait le fer en enveloppant la poignée, brûlante elle aussi, d'un chiffon pour ne pas se blesser. On en utilisait toujours plusieurs en même temps : dès qu'il refroidissait, un fer devait être abandonné pour un autre bien chaud...

✦ **L'une des femmes est en train de bâiller.**

Elle est fatiguée alors elle s'arrête une minute. À force d'être penchée toute la journée, elle a mal au dos, son cou est raide, elle a besoin de s'étirer. Peut-être a-t-elle sommeil après ses longues heures de travail. Il fait une chaleur terrible dans la pièce, l'atmosphère doit être étouffante près du poêle. Ça endort.

✦ **Pourquoi tient-elle une bouteille ?**

On pourrait croire qu'elle va boire. En fait, elle a besoin d'eau pour humidifier le linge. L'asperger quand il est trop sec facilite le repassage. Elle s'apprête sûrement à en remplir le petit bol rouge.

✦ **Celle qui repasse appuie vraiment fort.**

Les vêtements n'étaient pas fabriqués avec des matières synthétiques. La chemise qu'elle repasse, en lin ou en coton peut-être, est très raide. Il faut peser dessus de tout son poids, avec les deux mains, pour obtenir un résultat. Et comme le fer est très lourd (certains pouvaient peser jusqu'à trois kilos...), il ne glisse pas bien, il est pénible à manier.

✶ **Elles ne sont pas très bien habillées.**

Ces femmes très simples portent des vêtements modestes, en gros drap. Ce qui compte davantage, c'est l'harmonie des couleurs. Le rose, l'orangé sont des couleurs plutôt agréables, elles sont quand même coquettes. Et l'ensemble produit une sensation de chaleur qui est importante pour saisir l'ambiance.

✶ **Ces femmes ont-elles demandé au peintre de faire leur portrait ?**

Non, commander leur portrait ne leur serait sans doute jamais venu à l'idée. Elles n'auraient d'ailleurs pas eu les moyens de payer un tableau. Elles étaient bien trop pauvres. D'autre part, à la fin du XIXe siècle, les peintres ne travaillaient pas uniquement sur commande, ils choisissaient leurs propres sujets. Une telle peinture n'est pas à proprement parler un portrait : Degas ne s'intéressant guère à elles en tant que personnes, on ne voit presque rien de leur visage. On ignore jusqu'à leur nom.

✶ Pourquoi Degas les a-t-il peintes ?

Degas aimait observer les gestes, la façon particulière dont quelqu'un se tient dans une circonstance donnée ou pour accomplir une tâche précise. En regardant attentivement les repasseuses, il a eu l'idée de représenter certaines de leurs attitudes. On n'avait pas l'habitude de les voir dans les tableaux anciens tout simplement parce qu'ils ne montraient pas des gens occupés à de telles activités...

✶ Pourquoi ne nous regardent-elles pas ?

Elles se croient seules. Degas s'arrangeait pour représenter les gens sans les faire poser. On a l'impression qu'elles ne savent même pas que le peintre est là. Leur façon d'être reste spontanée. Elles ne se soucient pas d'avoir une allure élégante ou gracieuse.

✶ Il a dû faire vite pour parvenir à les peindre sans qu'elles le remarquent.

La scène donne l'impression d'être prise sur le vif mais en réalité ce tableau a exigé beaucoup de temps. Degas faisait d'abord de multiples études, des dessins... La peinture est l'ultime étape d'un long travail. À la longue, les repasseuses s'étaient habituées à le voir dessiner, elles avaient oublié sa présence.

Il s'était même documenté sur la technique du repassage, sur les gestes précis qu'elles savaient exécuter, à la manière d'un photographe ou d'un reporter qui, de nos jours, filme les gens pendant des jours entiers... Ils sont intimidés au début et puis ils s'occupent de leurs affaires et ils n'y pensent plus...

✶ Degas a-t-il peint d'autres métiers ?

Il a souvent peint les danseuses de l'Opéra qu'il allait voir travailler, répéter mille fois les mêmes exercices. Elles lui ont fourni des quantités de sujets. Il les représentait parfois au repos, quand elles avaient mal au pied, quand elles rajustaient les rubans d'un chausson. Les danseuses ont une manière bien à elle de se tenir le dos, de se baisser sans plier les genoux. Pour lui, c'était passionnant de découvrir qu'un corps peut être aussi expressif, aussi révélateur qu'un visage.

✷ Pourquoi ce tableau n'a-t-il pas l'air fini ?

C'est presque toujours le cas dans l'œuvre de Degas. Les petits détails l'ennuyaient, lui semblaient superflus et mesquins : l'image devait rester flottante, en mouvement. Pour quelqu'un qui était continuellement captivé par les gestes, cela revêtait une signification importante. Lui-même avouait être toujours pressé, impatient... Ce tableau a un aspect embué, comme si on se trouvait vraiment auprès de ces femmes, dans cette pièce surchauffée.

Pourquoi la peinture ne recouvre-t-elle pas toute la toile ?
La toile brute transparaît partout comme si la couleur avait du mal à s'étaler. Degas a trouvé le meilleur moyen de traduire son sujet : les repasseuses ont affaire à des étoffes qui résistent, alors il insiste sur la présence de la toile, il la laisse visible. Sans que l'on ait besoin d'y penser, la réalité du matériau s'associe à notre perception de l'image. Elle s'impose automatiquement à l'esprit. La couleur aurait pu être lisse, fluide ; elle est grumeleuse et sèche. Rien qu'à la regarder, comme les repasseuses, on a mal aux bras et soif...

Degas montre peu de choses.
Il se contente de les suggérer. Lui qui d'habitude emploie des toiles très fines, a choisi pour ce tableau un support très brut, grossier, puisque ce qu'il peint parle d'effort et de misère.On ne sait rien des piles de linge que ces femmes ont à repasser, mais il suffit que la chemise déborde du tableau pour donner la certitude que la tâche est dure : on n'en voit pas la fin. Et on sait que la femme qui bâille se remettra vite au travail : le triangle de son fichu fait écho à la silhouette de la femme qui repasse...

Pourquoi Degas a-t-il peint deux femmes ?
Cela lui permet d'approfondir son sujet. Avec ces deux femmes, il décrit en fait deux moments successifs d'une même action. Ce pourrait être la même personne peinte deux fois. Leurs attitudes sont complémentaires : l'une est crispée sur le tissu, l'autre se détend. En les regardant l'une après l'autre, on comprend qu'elles représentent les deux possibilités extrêmes de la respiration, comme un va-et-vient. On finit même par sentir leur essoufflement.

Ses tableaux plaisaient-ils au public ?
Beaucoup de gens étaient surpris par ses sujets, qu'ils trouvaient peu distingués. On était même choqué par la manière dont il montrait les femmes, sans aucun décorum. Mais on a fini par apprécier la vérité de ces peintures qui s'ouvraient aux réalités de la vie moderne, et qui laissaient derrière elles les histoires idéalisées des sempiternels héros grecs ou romains. On y retrouvait d'ailleurs les mêmes situations que dans les romans contemporains d'Émile Zola.

La Chambre à coucher

Octobre 1888, huile sur toile, 72 x 90 cm
Rijksmuseum Vincent Van Gogh, Amsterdam, Hollande
Vincent Van Gogh (Groot Zunder, Brabant, 1853 – Auvers-sur-Oise, 1890)

21

✦ **C'est la chambre de qui ?**

C'est la chambre du peintre, Vincent Van Gogh. À ce moment-là il habitait Arles, une ville de Provence, dans le sud de la France.

✦ **C'est une chambre bien rangée.**

Vincent était très content d'habiter dans un endroit comme celui-là, bien ordonné, parce que auparavant il avait surtout vécu dans des auberges, sans s'installer vraiment. En peignant cette chambre où tout est à sa place, il montre que maintenant il est décidé à prendre soin de lui-même, il s'organise de façon raisonnable.

✦ **Elle a de belles couleurs.**

En Hollande, où le peintre est né, il ne fait pas toujours très beau. Il était venu chercher le soleil en Provence et pour lui c'était magnifique de vivre dans une chambre aussi claire, aussi éclatante de couleurs. On ne voit pas bien au travers de la fenêtre, mais on sent qu'il y a beaucoup de lumière.

✦ **Il n'y a pas beaucoup de meubles.**

Il n'y a que les choses indispensables : Vincent avait très peu d'argent, ses meubles sont tout simples, en bois blanc. Naturellement il y a un lit. Il a aussi deux chaises, c'est pratique s'il reçoit une visite. Et à cette époque, il n'y avait pas de salle de bains : il se contentait d'une cuvette et d'une cruche d'eau pour se laver, sur la table. Sa serviette est tout près, à côté du miroir suspendu à un clou.

✦ **Il y a des tableaux aux murs.**

Vincent passait tout son temps à peindre, c'est ce qu'il aimait le plus au monde. Pour lui il était impensable de vivre dans un endroit sans tableaux. Ce sont les siens qu'il a accrochés là : sur le mur de droite, deux portraits d'amis et dessous, probablement des dessins (on voit le papier sur leur pourtour). Sur le mur du fond, il a mis un paysage. Cela représente les aspects différents de son travail.

✦ **Le grand lit signifie-t-il que le peintre est marié ?**

Non, il ne l'est pas, mais il aimerait bien. Le grand lit est sa manière de dire qu'il est prêt à le faire s'il rencontre quelqu'un. Il vit seul alors, d'une certaine façon, il s'arrange une maison qui serait déjà prête pour accueillir une famille... On ne sait jamais.

✶ **Pourquoi les objets vont-ils souvent par deux ?**

Il y a deux chaises, deux oreillers dans le lit, deux portraits au mur avec deux dessins, et même deux portes. Dans cette chambre il n'y a que lui mais en multipliant ces choses par deux, il se sent peut-être moins solitaire.

✶ **Les murs ont l'air un peu tordu.**
Le mur du fond n'est pas très droit. La chambre occupait l'angle de la maison et, à cet endroit, elle penchait un peu. Dans un autre tableau, Van Gogh a représenté cette maison, la « Maison jaune », depuis l'extérieur. On y voit très bien ce détail.

✶ **Rien ne laisse deviner que c'est la chambre d'un peintre.**
On ne peut pas le savoir parce qu'il n'y montre pas son matériel de peinture. Rien ne traîne, pas même une boîte dans un coin ou un pinceau. Il travaillait dehors pendant des heures et des heures chaque jour (on voit ses vestes et son chapeau de paille au fond). Cette chambre au contraire était faite pour la détente. Là, il pouvait enfin oublier sa fatigue, se réconforter, dormir en paix. Il voulait que son tableau exprime cette idée du repos.

✶ **Il n'y a pas beaucoup de couleurs différentes.**
Van Gogh cherchait les images les plus intenses, mais aussi les plus directes, alors il ne choisissait que quelques couleurs très contrastées, le bleu et l'orangé, le vert et le rouge qui donnent une grande force à son image. Elle est comme un concentré d'énergie. Il a supprimé les ombres qui auraient peut-être diminué la vigueur du tableau. La couleur du cadre devait aussi jouer un rôle : il voulait un cadre tout blanc, pour compenser la vivacité de l'ensemble.

✶ **C'est un tableau très simple.**
Les choses peintes sont banales, les teintes plates, sans demi-mesures. Il souhaitait que ses peintures soient évidentes à comprendre. Cela ne signifie pas qu'il ait peint un monde sans complications : la silhouette des objets est facile à suivre, en général il utilise un trait assez gros. Mais à l'intérieur des choses, rien n'est calme : la peinture est très épaisse,les coups de pinceau se superposent. Les meubles aussi sont disposés d'une drôle de façon : les deux portes sont bloquées, soit par une chaise soit par le lit. Ce n'est peut-être pas si commode de vivre là...

✶ **C'est le lit qu'on voit d'abord.**
Les murs des côtés se rapprochent beaucoup vers le fond, ce qui confère une profondeur exagérée à la pièce et en particulier à ce lit qui paraît énorme. C'est pareil pour le plancher qui remonte. Si l'on imagine ce tableau sans la couverture rouge (il suffit de regarder le tableau en masquant cette partie avec la main), tout se met à glisser vers le bas, tout s'effondre. Le triangle de la couverture agit comme un verrou à la surface du tableau. Tant qu'il est là, on garde l'équilibre. Le rouge tient chaud, il fait bon s'y abriter. Une tension formidable habite l'image : ce lit pourrait sombrer comme un navire... Pour l'heure, il tient bon.

Est-il vrai que Van Gogh était fou ?

Non, ce n'est pas tout à fait vrai. Il était perturbé, d'une grande fragilité psychologique et il en souffrait beaucoup. À son époque, on ne savait pas soigner ce genre de problème. Il ne faut surtout pas croire qu'il peignait en délirant. Il savait très exactement ce qu'il voulait faire et pourquoi. Dans des centaines de lettres, surtout adressées à son frère Théo, il commente son propre travail avec lucidité. C'était un homme exceptionnellement sensible et intelligent.

Les tableaux de Van Gogh ne ressemblent pas aux autres.

Ils sont abrupts, violents, comme lui par certains côtés. Cela ne l'empêchait pas d'être très cultivé, d'apprécier la peinture ancienne et celle de ses contemporains. Comme eux, il s'intéressait par exemple aux estampes japonaises. Elles lui ont pour une part inspiré ses couleurs franches, ses formes simplifiées.

Les gens aimaient-ils sa peinture ?

Elle leur faisait peur, comme quelqu'un qui hurle des choses que l'on ne comprend pas. De toute façon, peu de gens avaient l'occasion d'en voir. Il envoyait ses tableaux au fur et à mesure à son frère Théo à Paris. Quand il est mort en 1890, il n'en avait vendu qu'un seul. Il était désespéré. Mais il n'a jamais essayé de plaire au public pour mieux gagner sa vie, il n'a pas trahi ce qu'il pensait devoir faire.

Pourquoi Van Gogh est-il devenu aussi célèbre ?

On a commencé à mesurer l'impact de son œuvre seulement après sa mort. Il avait connu une solitude effroyable, il s'est suicidé dans la misère, ignoré de tout le monde. Pour de nombreuses personnes, ce contraste entre sa vie et sa peinture, tellement éblouissante, est fascinant. On a vu en lui une figure de roman, un héros. Son histoire personnelle a donné à sa peinture une dimension dramatique, presque sacrée, il ne s'agit pas seulement d'art. Le public d'aujourd'hui a un rapport très sentimental avec Van Gogh.

Pourquoi ne voit-on pas la signature de l'artiste ?

Cette peinture n'en comporte pas. Au XIXe siècle, les peintres avaient pourtant l'habitude de signer leurs toiles, mais Van Gogh, dans son exigence, considérait souvent ses œuvres comme de simples études, des exercices : il ne les signait donc pas automatiquement. Il devait penser qu'elles n'en valaient pas la peine. Lorsqu'il le faisait, il écrivait seulement son prénom : c'était plus familier, plus intime qu'une signature ordinaire, presque amical. C'est pourquoi on parle souvent de lui en l'appelant « Vincent ».

L'Anniversaire

1915, huile sur carton, 80,6 x 99,7 cm
Museum of Modern Art, New York, États-Unis
Marc Chagall (Vitebsk, 1887 – Saint-Paul-de-Vence, 1985)

Les personnages s'envolent !

C'est parce qu'ils sont amoureux. Le tableau montre le peintre lui-même, Marc, qui vient de retrouver sa fiancée. Ils ont été séparés longtemps, ils sont tellement heureux qu'ils ont envie de courir, de sauter, ils se sentent légers comme des oiseaux. Les voilà qui s'embrassent.

Pourquoi n'a-t-il pas de bras ?

Il l'a sûrement prise dans ses bras pourtant. Mais le tableau exprime ce qu'il ressentait. Il ne désirait pas seulement serrer Bella dans ses bras, il voulait l'envelopper de tout son corps, s'enrouler autour d'elle. Alors il s'est peint comme ça. Et puis ses bras l'auraient peut-être encombré pour voler...

Elle tient un bouquet de fleurs.

Il le lui a offert pour son anniversaire. Il a dû arriver par-derrière sans qu'elle ait le temps de se retourner, pour lui faire une surprise. Lui, il est tellement ému qu'il en a la tête à l'envers. Il ne sait plus où il en est. Elle, elle ouvre tout grands ses yeux.

Il n'y a pas de bougies d'anniversaire ?

Cela se passe à Vitebsk, dans le village de Russie où ils sont nés. Dans ce pays, ce n'est pas la coutume de mettre des bougies sur les gâteaux d'anniversaire. Mais le gâteau est déjà prêt, sur la table rouge, recouverte d'une jolie nappe bleue. Il n'y a plus qu'à couper les parts et se servir.

La maison est pleine de couleurs.

Il n'y a pas beaucoup d'objets et surtout rien de luxueux mais les couleurs vives donnent l'impression que la pièce est remplie, surtout grâce au rouge par terre. Les châles de Bella sont accrochés un peu partout sur les murs pour décorer la pièce. Leurs motifs tous différents, des petites fleurs, des formes géométriques, font danser la maison... C'est une vraie fête pour les yeux.

Le peintre s'est représenté lui-même ?

Oui, c'est ce que l'on appelle un autoportrait. La plupart du temps, le peintre se regarde dans un miroir pendant qu'il travaille pour reproduire son reflet sur le tableau. Mais cette fois, ce n'est pas un portrait très précis. Il n'a pas eu besoin de le faire. Puisqu'il est avec Bella, on est sûr que c'est lui.

Que voit-on dehors ?

Au-delà de la table, on voit une rue de village avec une église. Ce qui surprend, c'est qu'en haut de la fenêtre il fait sombre alors qu'en bas on y voit très clair. Chagall mélange toujours le rêve et les détails réels.

Pour preuve, il a représenté en haut la petite ouverture qui permet d'aérer un peu : il fait bien trop froid en Russie pour ouvrir en grand. Et il y a une échelle de secours derrière l'autre fenêtre... De toute façon, qu'il fasse jour ou nuit leur est bien égal, ils ne voient pas le temps passer.

Il manque des pieds à la table.
En entrant dans une pièce, on ne pense pas à vérifier si la table a assez de pieds. Chacun sait qu'elle en a au moins quatre. Chagall le sait aussi, comme tout le monde. Il ne peint que ce qui est utile pour rendre l'image suffisamment compréhensible. Sa table tient très bien comme ça parce que dans un tableau tout peut arriver, surtout l'improbable. Cette table est comme lui qui n'a pas de bras. Et Bella n'a besoin que d'une seule main pour tenir ses fleurs...

Les personnages sont très grands par rapport aux objets.
C'est de leur histoire qu'il s'agit. Le reste n'est là que pour situer la scène. Bella semble encore plus grande que Chagall, ce qui est normal : il a peint le tableau pour dire la place énorme qu'elle tient dans sa vie. Rien d'autre n'existe à un tel degré pour lui. En peignant ainsi, il renoue avec les œuvres du Moyen Âge, qui représentaient les gens et les choses non en fonction de leur taille réelle mais de l'importance qu'on leur accordait.

Pourquoi a-t-on l'impression que les meubles basculent ?
La table et le tabouret noir sont vus du dessus, tels que les distinguent aussi les personnages du tableau. Puisqu'ils volent, il est naturel qu'ils les perçoivent comme cela. Nous, devant le tableau, nous voyons en outre les châles sur le mur, les deux fenêtres, les fleurs. Chagall combine deux points de vue, celui du spectateur que nous sommes et celui du couple à l'intérieur de cette image. À sa manière il nous fait entrer dedans.

Tout est un peu de travers.
Si l'on considère le tableau comme un compte rendu de la réalité quotidienne, alors effectivement rien ne tient debout. Si au contraire on accepte l'idée que Chagall peint de la même façon qu'il raconterait une fable, alors tout s'éclaire. Il a grandi dans un monde traditionnel où les histoires merveilleuses étaient particulièrement présentes. La culture juive dont il était issu et qui a bercé son enfance en est nourrie : dans les légendes hassidiques, on rencontre des gens qui s'envolent, des animaux qui voltigent dans un monde qui tourbillonne et qui danse, des arbres qui rient et des violonistes sur le toit des maisons... Chagall n'a jamais oublié ces histoires. Elles ont forgé son univers.

À certains endroits, la peinture grise déborde.

Elle s'embrouille autour du tabouret, se répand sous la table, dessine une courbe sous les pieds de Chagall et sur le devant de la robe de Bella, elle est comme un nuage qui vient effacer le noir du tissu. Le peintre maintient une sorte d'équilibre : il décrit des formes, des objets précis et puis tout d'un coup il en a assez. Il laisse alors le pinceau s'amuser à la surface de sa toile, sans lui imposer de logique. Si les formes deviennent invraisemblables, c'est tout simplement que la couleur se laisse aller... Elle fait ce qu'elle veut.

On se croirait dans un conte de fées.

Chagall peint la vie comme un conte de fées et à l'époque il a sans doute vécu ainsi son histoire d'amour avec Bella. Mais il ne s'agit pas seulement de son bonheur personnel. S'il représente le monde en mouvement, perpétuellement bondissant, c'est que dans le judaïsme la Création divine est considérée comme un processus qui n'en finit jamais. Peindre un monde figé reviendrait à le nier. Chagall ne veut pas immobiliser le monde avec sa peinture, au contraire, il l'accompagne dans sa course.

Chagall a-t-il expliqué ses tableaux ?

Sans les expliquer d'une façon savante, il a décrit dans ses souvenirs de nombreux moments dont l'écho revient dans ses images. Il a également raconté qu'il aimait travailler « comme un cordonnier » : le cordonnier coud une semelle en la faisant tourner à mesure dans ses mains, lui aussi peignait son tableau dans tous les sens. Les petits enfants dessinent spontanément comme cela, en faisant tourner leur feuille de papier, sans aucune volonté de hiérarchie entre le haut et le bas, la droite et la gauche...

Chagall a-t-il souvent peint sa propre vie ?

Oui, il peignait les gens qu'il connaissait, les lieux qu'il aimait. En un sens, sa peinture est une autobiographie. Mais il a aussi traité beaucoup d'autres sujets, surtout tirés de la Bible. L'ambiance de ses tableaux a toujours quelque chose de merveilleux ; il voulait transmettre ce sentiment que, quelle que soit la misère du monde, celui-ci lui paraissait empli de magie à chaque instant.

Chagall a-t-il toujours vécu en Russie ?

Non, loin de là. Il s'est rendu en France à vingt-trois ans pour découvrir la peinture moderne. Il est retourné en Russie quelques années plus tard, pour aller épouser Bella : c'est alors qu'il a peint ce tableau. Ensuite il a surtout vécu en France, sauf pendant la Seconde Guerre mondiale où il a dû se réfugier aux États-Unis... En 1937, il avait choisi la nationalité française. Mais la Russie n'a jamais quitté son cœur.

Le Mécanicien

1920, huile sur toile, 115,5 x 88,3 cm
National Gallery of Art, Ottawa, Canada
Fernand Léger (Argentan, 1881- Gif-sur-Yvette, 1955)

23

✦ **C'est un marin !**

Ça se voit tout de suite, le tatouage sur son bras représente une ancre de bateau. Les tatouages sont dessinés avec de l'encre qui va sous la peau, ils ne peuvent plus s'effacer (ce ne sont pas des décalcomanies).
C'est un vrai matelot qui ne fait pas semblant.

✦ **Il est musclé.**

Il ne fait pas du bateau pour s'amuser. C'est un mécanicien, il travaille dur, il lui faut de la force. Alors le peintre a insisté sur ses bras. Il lui a donné des grosses épaules et des avant-bras énormes, comme sa main d'ailleurs.

✦ **Il fume.**

C'est un moment de tranquillité, il n'a rien de spécial à faire. Sa cigarette dégage beaucoup de fumée. À vrai dire, elle en produit autant qu'une cheminée. Une seule cigarette ne peut pas faire tout ça : cela signifie peut-être que le mécanicien fume plus que de raison...

✦ **Il a du gel sur les cheveux...**

À l'époque, cela s'appelait de la brillantine : on en mettait pour faire tenir et briller les cheveux. Il en a sûrement mis car il est très bien coiffé : il a pris soin de son allure. Il ne s'est pas arrêté de travailler juste le temps d'une cigarette, c'est sans doute un jour de repos et il s'est fait tout beau.

✦ **Il porte des petites bagues.**

Elles sont toutes fines sur sa grosse main. C'est peut-être le cadeau d'une dame (ou deux), un souvenir. Il pourrait aussi les garder là en attendant de les offrir, ce serait pratique de les avoir toujours sur lui, en prévision.

✦ **Derrière le mécanicien, il y a des tas de formes.**

C'est le genre de monde où il vit, entouré de pièces en fer, en métal, de tuyaux, de boulons, de vis... Il sait comment ça marche, comment s'en servir et entretenir les machines.

✶ **On dirait un homme en fer.**

Il est mécanicien. Son corps fonctionne comme les pièces mécaniques qu'il utilise. Il est en harmonie avec elles. Ils se ressemblent. Et puis on dit de quelqu'un de très fort qu'il a des muscles d'acier. Ça lui va bien.

✶ **Il n'y a pas tellement de couleurs.**

Elles sont peu nombreuses mais très fortes. Leur répartition crée des contrastes : blanc/noir, jaune/noir, comme des lumières qui s'allument et s'éteignent. Elles n'aident pas à reconnaître des objets : elles rythment le tableau. Celles du fond sont dépourvues de relief pour mettre en valeur le volume du personnage qui se trouve au premier plan.

✶ **Pourquoi ne voit-on pas d'objets précis derrière le mécanicien ?**

Le peintre a voulu créer un effet général et non décrire un endroit ou des objets. Devant cette peinture, on n'imagine rien de ce qui accompagne les machines : la poussière, la graisse, le bruit… Il n'a retenu que les aspects de la mécanique qui lui plaisent : les lignes simples, les surfaces lisses. Il les superpose, les articule les unes par rapport aux autres, les oppose : courbes/droites, horizontales/verticales, bandes de couleur étroites/larges. De proche en proche, l'image s'architecture.

✶ **C'est un tableau où tout est raide.**

Fernand Léger a choisi des formes qui font penser à ce qu'on fabrique dans les usines, avec des matériaux industriels et des couleurs bien nettes. Il situe ainsi directement son personnage dans un environnement facile à comprendre pour le spectateur. Il s'agissait de peindre le monde de la mécanique : des mouvements saccadés, des directions bien définies, une précision totale et une régularité parfaite. Le tableau veut rendre évident que cet homme vit à l'époque des machines, et qu'il possède comme elles ces qualités-là.

✶ **Pourquoi est-ce que le peintre n'a pas représenté un endroit réel ?**

Parce que la signification du tableau aurait été plus limitée : si l'on avait pu y reconnaître tel port, telle rue, tel bateau, voire telle machine, le peintre aurait composé une sorte de paysage ou de document. Ce n'était pas son but : sa peinture ne concerne personne de défini, ce n'est pas un portrait. Fernand Léger s'intéresse à une catégorie d'hommes en général. Sa peinture devait s'appliquer à n'importe quel mécanicien sur n'importe quel bateau…

✶ **Il a les mêmes bras que Popeye !**

Popeye étant marin lui aussi, il n'est pas étonnant qu'ils aient des caractères en commun. Leurs bras sont également invraisemblables : les muscles ne sont pas du tout à leur place. Cela les rend différents de tout le monde en signalant leur force exceptionnelle… D'ailleurs, Popeye est né à peu près à la même époque que les personnages peints par Fernand Léger. La première fois qu'on l'a vu dans une bande dessinée, en Amérique, c'était en 1929. Ils sont exactement de la même génération.

Le mécanicien a l'air complètement indifférent.
Il n'a pas d'expression du tout, il est, littéralement, imperturbable. Rien ne peut modifier les traits de son visage construit avec des éléments rigides. Le front, par exemple, est un morceau de métal recourbé marquant la ligne supérieure des sourcils : il ne risque pas d'avoir de rides... Le peintre ne cherchait pas à exprimer des sentiments mais l'esprit d'une époque. En 1924, il a exploité à cette fin les possibilités qu'offrait le cinéma en réalisant, uniquement avec des objets en mouvement, le premier film sans scénario. Il l'a intitulé *Le Ballet mécanique*.

Pourquoi est-il de profil alors que ses épaules sont de face ?
Pour que l'image soit claire, efficace : le dessin du profil délimite bien le personnage et l'on voit ses caractéristiques principales (la forme de son nez, de son menton...), sans être distrait par l'expression de son regard... En montrant sa carrure, dans ce cas précis sa force musculaire, les épaules de face rendent compte de la réalité du corps. Fernand Léger reprend ici une tradition très ancienne, celle des Égyptiens : leurs personnages étaient aussi représentés de cette façon.

C'est davantage un robot qu'un homme.
Non, c'est bien un homme, mais adapté au monde des robots qu'il est capable d'inventer. Les formes qui le composent sont celles qu'il maîtrise lui-même à chaque instant. Léger estimait que sa peinture devait pouvoir être comprise par ceux qui travaillaient en usine et y passaient l'essentiel de leur temps. Il voulait qu'elle reflète les choses ordinaires, celles dans lesquelles ils reconnaissaient leur propre vie : pas des décors de château, pas de soie ni d'or, mais des lignes directes, des couleurs franches. C'est un parti pris social, pas seulement esthétique.

Fernand Léger a-t-il peint d'autres tableaux de ce genre ?
Oui, cet hommage aux masses populaires rendant possible le progrès industriel était pour lui fondamental. Son *Mécanicien* est de profil, comme un empereur romain sur une pièce de monnaie antique, comme le portrait d'un prince de la Renaissance. En le peignant ainsi, Léger anoblit l'ouvrier, il désigne en lui le véritable héros des Temps modernes : celui par qui un monde magnifique va se construire, dans l'efficacité et l'harmonie, un monde où les machines au service de l'homme le libéreront enfin des entraves d'autrefois... Au lendemain de la Première Guerre mondiale, c'était le rêve d'un humaniste qui croyait profondément en la construction d'une société nouvelle, plus heureuse et plus juste.

Composition with red, yellow and blue

1930, huile sur toile, 45 x 45 cm
Kunsthaus, Zurich, Suisse
Mondrian (Pieter Cornelis Mondriaan, dit Piet, Amersfoort, 1872 – New York, 1944)

✦ **Qu'est-ce que c'est ?**
C'est un tableau. Ce que l'on y voit ne se trouve nulle part ailleurs.

✦ **Il n'y a presque rien à voir.**
Parfois, on peint des choses plus compliquées que ce que l'on rencontre dans la vie de tous les jours : un portrait très élégant, un immense paysage ou même un dragon. Mais il arrive qu'un peintre préfère montrer le monde plus simple qu'il n'est dans la réalité. C'est ce que fait Mondrian.

✦ **Ce tableau représente-t-il quelque chose ?**
Il ne représente rien en particulier mais il engage à imaginer un maximum de possibilités. Le peintre n'avait aucune envie de montrer des choses toutes faites, il a donc disposé là tout ce qu'il faut pour les construire. C'est comme un jeu : avec différentes pièces, une palette de couleurs, on invente ce que l'on veut...

✦ **Le peintre ne savait peut-être rien faire d'autre.**
Mondrian savait parfaitement dessiner et peindre « comme tout le monde » des personnages, des objets... Il l'a fait durant des années. Mais cela ne lui suffisait pas, il cherchait quelque chose de différent. Petit à petit, il a retiré les détails qui l'ennuyaient ou qui ne lui semblaient pas vraiment utiles. Au bout du compte, il n'est plus resté que des lignes droites et trois couleurs. Et ça lui a plu.

✦ **A-t-il dessiné avec une règle ?**
Oui, c'est un travail très ordonné, longuement réfléchi. Il prenait aussi des mesures sur son tableau avec des rubans de papier transparent, pour décider où il allait placer ces lignes. Ensuite il les dessinait avec un fusain puis peignait par-dessus.

✦ **Rouge, bleu, jaune : pourquoi n'a-t-il peint que ces trois couleurs-là ?**
C'est le minimum à partir duquel tout le reste peut suivre. Si on les mélange, on peut obtenir le vert, le violet, l'orangé, des tons et leurs nuances à l'infini... En revanche, il est impossible de fabriquer soi-même ces trois couleurs de base. C'est pourquoi elles sont appelées *couleurs primaires*.

✦ **Il y a aussi du noir et du blanc.**
Sans eux, impossible d'éclaircir ou d'assombrir les couleurs. Et les lignes noires organisent l'image en délimitant des espaces plus ou moins grands, larges ou étroits. Blancs, ces derniers peuvent donner l'impression du vide, de la lumière et de l'air : on y respire largement. Emplis de couleur, ils en canalisent l'énergie. Ici, le rouge évoquera le feu, le sang, un coucher de soleil... Les lignes noires garantissent la paix du tableau : elles ne laissent rien déborder.

✶ Pour ce peintre, les lignes et les couleurs tiennent lieu de personnages.

Oui, il instaure effectivement entre elles un dialogue, des rapports de force ou d'harmonie. Ainsi, ce carré rouge : il est si puissant, si lourd qu'on le sent capable de s'épancher au-delà du tableau que rien — pas même une bordure noire — ne limite. Mais les petits segments horizontaux, en haut à gauche et en bas à droite, sont plus épais que les autres : ils ont l'air d'être placés là afin de retenir ce carré rouge, comme pour lui dire : « Contiens-toi, ne bouge pas... » Sans ces robustes petites lignes, qui sait jusqu'où s'en irait la couleur...

✶ Pourquoi n'y a-t-il pas de ligne noire tout autour du tableau ?

S'il y en avait une, le tableau serait fermé comme par une clôture. Mondrian n'emprisonne pas ses couleurs, il les maintient comme en suspension sans limiter notre champ de vision. Les portes restent ouvertes pour que l'on puisse circuler librement : on pénètre dans l'image, on y glisse, on en ressort à loisir. Après l'avoir contemplée, il est possible que l'on perçoive plus clairement l'espace que l'on occupe, les formes qui s'y inscrivent. D'une certaine façon, c'est un entraînement des yeux et des idées.

✶ On dirait le plan d'un appartement, avec ses murs, ses pièces et ses couleurs...

Il y a des points communs : un plan est indispensable pour déterminer ce qui va être construit. C'est un projet qui expose clairement ce que l'on souhaite. Or, selon Mondrian, la peinture constitue un modèle de raison et de stabilité.

✶ Ça pourrait représenter la façade d'un immeuble.

Oui, surtout quand on pense aux immeubles en démolition : des pans entiers révèlent l'intérieur de pièces qui n'existent plus... À ce qui reste de la couleur des murs, on devine l'emplacement d'une chambre, d'un salon : des vies entières résumées à quelques rectangles... Mondrian s'est en partie inspiré de ce spectacle des villes.

✶ Ça pourrait être aussi le plan d'une ville, avec ses rues, ses avenues...

Rien n'indique la proportion ou l'échelle de ce qui est représenté. On pourrait aussi bien observer ces formes à vol d'oiseau. Des années après avoir peint ce tableau et d'autres du même type, Mondrian s'est rendu aux États-Unis : New York, bâtie sur un plan similaire, avec un réseau de lignes qui se croisent à angle droit, l'a enthousiasmé. C'était un monde qui lui correspondait parfaitement.

✶ Les tableaux de Mondrian se ressemblent tous.

Ses tableaux se fondent tous sur les mêmes principes, mais de l'un à l'autre les rapports de couleurs et les proportions changent. Dans certains, le blanc occupe presque tout l'espace et tout paraît paisible et léger. Ailleurs, les lignes se rapprochent comme des barreaux de prison et l'image devient tellement oppressante que l'on voudrait fuir. Avec les moyens les plus simples, le peintre parvient à susciter chez le spectateur une gamme d'émotions incroyablement riche. Son travail s'apparente à celui d'un compositeur, qui peut écrire une infinité de morceaux avec sept notes de musique. Le tableau s'intitule d'ailleurs *Composition*.

✷ **Une peinture comme celle-là n'a pas l'air difficile à faire.**
La technique n'est pas le plus difficile dans ce cas. La difficulté se situe au niveau de la signification de l'œuvre. N'importe qui peut imiter ce genre de peinture mais personne ne peut remonter le temps, se mettre à la place de Mondrian et vivre ce qu'il vivait. Il n'a peint ainsi qu'après des années de travail. Ce que l'on apprécie aujourd'hui devant l'un de ses tableaux, ce n'est pas qu'une image apparemment facile, c'est une somme d'idées, de réflexions, d'exigences qui un jour l'a mené là. Ce n'est pas un acte isolé, c'est toute une vie.

✷ **C'est une peinture qui a l'air presque mécanique.**
La géométrie donne cette impression, surtout si l'on passe un peu trop vite devant le tableau. Sa conception traduit une rigueur d'esprit absolue, mais lorsqu'on s'approche de l'image, on y entrevoit autre chose que de l'austérité. Les coups de pinceau restent perceptibles sur les lignes noires, si bien qu'elles tremblent un peu. On est surpris de sentir la main du peintre vulnérable. Et on découvre que ces lignes ne sont pas superposées systématiquement, elles s'entrecroisent. Mondrian en fait une trame, il les tisse... C'est comme la toile elle-même qui serait vue au microscope, le support du tableau surpris dans son intimité.

✷ **Mondrian vendait-il facilement ses tableaux ?**
Ce n'était pas facile. Une telle peinture est une forme d'exercice mental, elle séduisait peu de gens. Mondrian a poursuivi cette voie envers et contre tout parce qu'il se sentait lui-même en le faisant. Pour subsister, il peignait des tableaux de fleurs qui se vendaient très bien... Cela lui a permis de préserver son monde, un monde de lignes droites, de couleurs pures, qui n'appartenait qu'à lui. Aujourd'hui, c'est celui-là que l'on respecte et que l'on admire. Les fleurs qui l'ont fait vivre, on les a presque oubliées...

✷ **Dans la vie courante, de nombreuses choses rappellent les tableaux de Mondrian.**
Son travail a influencé non seulement des générations entières de peintres mais aussi l'environnement quotidien. Plus d'un demi-siècle après sa mort, on en perçoit partout les effets, dans la décoration intérieure, dans le style des meubles, dans le graphisme des magazines ou dans la publicité, dans la mode. Les images qu'il a créées traduisaient à la fois une exigence morale et une stabilité des structures. Leur variété prouvait la permanence d'une recherche toujours en éveil. Ce sont des idées qui pénètrent l'esprit sans qu'on y pense. Ainsi le logo des produits pour les cheveux de la gamme Studio Line, chez L'Oréal : c'est l'adaptation évidente des formes de Mondrian, et, souterrainement, de ses principes. On est certain de mieux vendre tel gel, tel shampooing, dès lors que l'acheteur lui associe automatiquement les notions de pureté, de dynamisme et de créativité. D'un coup, avec ces produits, tout est possible : la discipline et le rythme, la liberté des combinaisons et la certitude de l'efficacité...

Femme qui pleure

26 octobre 1937, huile sur toile, 60 x 49 cm
Tate Modern, Londres, Angleterre
Pablo Ruiz Picasso (Malaga, 1881 – Mougins, 1973)

25

✦ **C'est un visage en puzzle !**

Il est en petits morceaux, c'est vrai, mais la forme des pièces est moins régulière que dans un jeu de puzzle. On dirait qu'elles ont été faites un peu n'importe comment, et l'on n'est pas sûr qu'elles soient bien mises à leur place.

✦ **Tout est pointu.**

Parce qu'elle a mal. Tout la gêne. Les formes sont coupantes, elles se déchirent elles-mêmes. Dès qu'on voit le tableau, on comprend que cette femme souffre.

✦ **Elle a une drôle d'oreille.**

Sa boucle d'oreille n'est pas accrochée sur le lobe : elle la pince carrément au milieu de son oreille. Ce doit être douloureux. On peut imaginer que cette oreille fermée la rend sourde. Elle a tellement mal qu'elle ne se rend plus compte de ce qui l'entoure. Le pire c'est qu'on ne peut rien lui dire pour la consoler, ça ne servirait à rien puisqu'elle n'entend pas.

✦ **Elle porte un chapeau rouge.**

C'est quelqu'un d'élégant, elle est bien habillée et bien coiffée. Ou elle vient de rentrer chez elle sans avoir eu le temps d'enlever son chapeau, ou alors elle s'apprêtait à sortir. Mais elle s'est interrompue. Avec ce chapeau, le peintre s'arrange pour montrer qu'un événement s'est produit. Ce que l'on voit là ne décrit pas la façon d'être habituelle de cette femme. Elle ne passe pas sa vie dans cet état.

✦ **Que tient-elle dans sa main ?**

Elle tient sans doute un mouchoir. Les pointes qui lui touchent les yeux en sont peut-être les coins... De toute façon, c'est dur, ça pique. Ses larmes restent pendues à ses paupières comme de lourdes gouttes. Le tissu est tout chiffonné dans sa main, elle le mâchonne... Elle ne sait plus quoi faire...

✦ **Elle est toute cassée.**

Son visage est déformé par ses pleurs. En fait, elle n'est pas cassée, elle se sent cassée, à l'intérieur d'elle-même. Elle est horriblement malheureuse et ce que l'on voit sur le tableau, c'est ce qu'elle ressent : tout va de travers, tout fait du mal, rien ne l'aide, même pas ce mouchoir qui n'essuie pas ses larmes.

✶ **Pourquoi son visage a-t-il de telles couleurs ?**

Ce sont les couleurs que prend la peau quand on a reçu un coup. C'est un « bleu », tout simplement, qui change de couleur avec le temps et devient violet, vert, jaune... Elle n'a pas été battue, mais elle souffre tellement qu'elle se sent rouée de coups. Sa peine est si violente qu'elle lui fait physiquement mal. Il ne s'agit pas d'un chagrin isolé qui s'efface : les couleurs prouvent qu'elle a reçu ces « coups » les uns après les autres. Dès que ça va un peu mieux, voilà que ça recommence...

✶ **Une partie de son visage est toute blanche.**

C'est le moyen le plus simple de montrer qu'elle est très pâle. Ne dit-on pas de quelqu'un qu'il a perdu toutes ses couleurs, qu'il est « blanc comme un linge » ? Elle a peut-être l'impression de n'avoir plus de sang dans les veines tant elle se sent faible...

✶ **Personne n'a une tête comme ça.**

Non, Picasso n'a pas voulu peindre l'apparence de cette femme. Il a rendu visible ce qu'elle ressentait. Il y a souvent un grand décalage entre la tête que l'on a et ce que l'on vit en réalité. En croisant les gens dans la rue, on ne devine pas forcément leurs sentiments, ce qui les préoccupe, ce qui les fait rire ou souffrir. Ce sont justement ces choses insaisissables que Picasso voulait faire apparaître. Il rendait les gens transparents...

✶ **Picasso a complètement démoli sa figure.**

Non, c'est sa douleur qui l'a démolie. Le peintre a trouvé le langage qui lui permettait de la faire sortir au grand jour. Ce n'est pas une façon gratuite d'enlaidir son modèle, pour le simple plaisir de le rendre méconnaissable. La méchanceté ou la cruauté n'y ont aucun rôle.

✶ **C'est une peinture compliquée.**

Non, au contraire. Picasso peint des choses très directes. Tout le monde utilise naturellement certaines expressions comme: «éclater en sanglots», avoir le visage «défait» ou «décomposé», avoir les yeux «hors de la tête»... On sait très bien ce que ça signifie. C'est juste une façon de parler.

Picasso, lui, va jusqu'au bout, il le peint. Il n'y a rien de plus simple. Mais avant lui, personne ne l'avait jamais fait.

✶ **La femme peinte a-t-elle vraiment existé ?**

Oui, elle vivait avec Picasso, c'était une photographe qui s'appelait Dora Maar. La mort de son père l'avait bouleversée. Cette femme était très belle et la métamorphose de son visage lorsqu'elle pleurait a dû fasciner le peintre. Mais le fait que le tableau soit intitulé *Femme qui pleure* indique qu'il n'a pas conçu son tableau comme un portrait. À partir d'une personne précise, il a inventé un visage type, dans lequel chaque être humain peut reconnaître le visage de sa propre douleur.

✷ **Ça fait penser à un reflet dans un miroir brisé.**

Voilà encore une chose qui renforce l'idée de la blessure : les arêtes des morceaux de miroir sont coupantes. Et puis intervient peut-être une autre idée : autrefois, on disait d'un tableau qu'il était le reflet de la nature, supposant ainsi que la peinture était capable d'une parfaite imitation du monde visible. À sa manière, Picasso dit que si le monde part en miettes, le miroir doit se casser aussi : il faut que la peinture renonce à une apparence harmonieuse si elle veut décrire ce qui a perdu son harmonie.

✷ **Cette image est désagréable à regarder.**

La douleur n'est pas agréable. Pourquoi un tableau qui la représente devrait-il l'être ? Voilà une des questions que soulève la peinture de Picasso. Avant lui, on peignait la souffrance d'une façon plus ou moins idéalisée, parfois cruelle, mais le spectateur trouvait cela supportable parce qu'il n'était justement que spectateur : c'était toujours la souffrance des autres. Picasso, le premier, a su peindre la douleur depuis l'intérieur, pas celle que l'on observe, celle que l'on connaît pour l'avoir sentie au fond de soi. Si le tableau est choquant, c'est pour dire que la souffrance est choquante. C'est elle que l'on a peur de regarder.

✷ **Picasso aurait-il pu peindre un homme qui pleure ?**

Sans doute. Il s'est simplement trouvé que Dora Maar faisait partie de sa vie ; elle lui a servi de modèle. Mais le fait que ce soit une femme ajoute un élément intéressant : sa douleur a quelque chose de ridicule. Tout ce qu'elle avait pris tant de soin à arranger, sa coiffure, ses boucles d'oreilles, ce qui fait son élégance habituelle, tout cela s'avère dérisoire — pire : grotesque. Une femme qui pleure peut attendrir, mais il suffit que son maquillage se mette à couler et la voilà humiliée par son visage de vilain clown...

✷ **Pourquoi peindre un tableau que les gens trouvent laid ?**

Picasso ne peint pas pour plaire. Il le fait pour lui-même, parce qu'il éprouve le besoin d'exprimer quelque chose par la peinture. Si le tableau touche les gens, s'ils perçoivent ce qu'il a voulu transmettre, alors c'est magnifique, mais cela ne peut être son but premier. Trouver une œuvre belle ou laide n'a pas toujours grand sens : en l'occurrence il ne s'agit pas de décorer une pièce pour en faire un lieu agréable... Ce tableau-là n'est pas un ornement mais un instrument de vérité. Il refuse les déguisements, les tricheries. Il débusque la souffrance et l'oblige à avouer ce qu'elle fait d'un être humain : elle le taille en pièces...

Numéro 3, Tigre

1949, huile et peinture d'aluminium sur toile marouflée sur panneau, 157,4 x 94,2 cm, Hirshhorn Museum and Sculpture Garden, Smithsonian Institution, Washington, États-Unis
Jackson Pollock (Cody, Wyoming, 1912 – Springs, Long Island, 1956)

✦ **C'est du gribouillis.**
Oui, mais alors un immense gribouillis. C'est rare d'en voir un aussi grand.

Est-ce vraiment un peintre qui l'a fait ?
Oui, Pollock était un vrai artiste. Il avait appris son métier et savait très bien dessiner. Mais il a préféré peindre ainsi parce qu'à un moment donné, c'était le seul moyen pour lui d'exprimer ce qu'il voulait.

✦ **On n'y voit rien.**
C'est embrouillé, mais en fait on décèle tout de même des formes, des couleurs. Au moins on s'aperçoit tout de suite qu'il s'agit de quelque chose de très compliqué.

✦ **Qu'est-ce que cela peut bien représenter ?**
On n'en sait rien. Et il n'y a peut-être aucun moyen de le découvrir. Rien n'est sûr. Le peintre veut peut-être justement parler de ça : une chose dont on n'arrive pas à trouver le nom, ou qu'on ne peut pas comprendre. Tout est confus, on se pose des questions et on ne trouve pas de réponse. Impossible de décider. Ça arrive parfois...

✦ **Il y a des couleurs partout.**
Elles courent toutes seules, elles s'emmêlent comme des ficelles, sans jamais se mélanger. Elles passent les unes par-dessus les autres, s'épaississent ou deviennent tellement minces qu'elles sont près de craquer. Il y en a sans doute plein en dessous qu'on n'arrive pas à voir, tellement le peintre les a accumulées : du rouge, du vert, du jaune, du blanc, du noir... Tout ce qu'il pouvait.

✦ **À force de regarder, on a le tournis.**
Oui, parce que l'on a tendance à suivre les lignes du regard et chaque fois on s'aperçoit que ça ne mène à rien. On se rend vite compte que l'on est perdu : ça va dans tous les sens, comment savoir dans quelle direction aller ? On a l'impression d'être pris dans un tourbillon, dans une tempête.

✶ **On dirait qu'il a jeté de la peinture sur le tableau.**
C'est presque ça. Il posait la toile par terre et il y faisait couler la peinture, directement du pot plus ou moins percé. Il tournait autour en dirigeant les coulures vers le centre, inventait des parcours pour la couleur, la regardait s'écraser sur le sol. Elle avait l'air de décider toute seule où tomber puisqu'il n'utilisait pas de pinceau : en fait, les déplacements du peintre et les mouvements de ses bras réduisaient le hasard au maximum. C'était extrêmement contrôlé.

Comment l'idée de peindre de cette façon lui est-elle venue ?

À cause de la Seconde Guerre mondiale, de nombreux peintres européens s'étaient réfugiés aux États-Unis. L'un d'entre eux, l'Allemand Max Ernst, aimait expérimenter de nouvelles techniques. Un jour qu'il se trouvait dans l'atelier de ce dernier, Pollock le vit faire couler de la peinture sur un tableau pour obtenir un effet de taches. Ernst n'a pas continué, mais Pollock a développé la méthode. On a appelé cela *dripping* (en anglais, cela signifie *égouttage*).

Est-il arrivé à Pollock de peindre d'une autre manière ?

Oui, le *dripping* correspondait à une période précise de son œuvre. Il s'inscrivait dans la logique de ses œuvres antérieures : pendant plusieurs années, ses tableaux avaient entre autres représenté des personnages et des animaux en train de se battre. Tout y était confus, c'était une vraie mêlée... Un jour, il a éliminé les personnages, on aurait dit qu'ils s'étaient finalement échappés du tableau ou qu'ils s'étaient réduits en poussière les uns les autres. Ne restait que ce chaos.

Ce qui fait un drôle d'effet, c'est qu'on ne sait pas où regarder.

C'est-à-dire qu'on a envie de regarder tout en même temps. Les yeux sont attirés partout à la fois parce qu'aucune zone ne paraît plus importante que les autres. On ne distingue rien de plus ni de moins au centre de l'image ; impossible de faire la différence entre le haut et le bas, la droite et la gauche. Au début c'est surprenant, mais on doit bien admettre que les repères habituels n'ont pas cours ici, qu'il n'y a pas de début et pas de fin non plus.

Pourquoi a-t-il tout mélangé comme ça ?

Puisque tout est en effet mélangé dans ce tableau, on est dérouté, on cherche à se raccrocher à quelque chose, à identifier au moins une forme, bref, à comprendre de quoi il s'agit. C'est une réaction normale. On peut même être agacé ou en colère que le peintre y ait mis tellement de mauvaise volonté. C'est légitime. Voilà sans doute une partie de ce que Pollock voulait traduire : à quel point on peut être démuni quand on ne comprend plus rien à ce qui se passe...

Les couleurs ont-elles une signification précise ?

Pas obligatoirement. Mais on ne peut pas empêcher que le rouge soit plus violent que le bleu ciel, que le bleu fasse justement penser au ciel ou que le blanc ait toujours l'air plus propre que les autres. Ce n'est ici qu'un ensemble de sensations, implicitement lié aux couleurs... Le bleu clair qui sert plus ou moins de fond dans ce tableau peut très bien être la couleur qui recouvrira toutes les autres dans une œuvre différente...

✸ **Pourquoi superposer autant de couches de peinture ?**

Aucune direction ne prévaut à la surface de l'image, à la fois trop mouvementée et trop homogène pour cela : il vaut peut-être mieux s'y enfoncer, creuser au travers de toutes ces couches, comme l'archéologue qui fouille la terre à la recherche d'une trace, d'un fossile… Les épaisseurs de peinture suggèrent l'accumulation de couches géologiques, tout ce qui s'est déposé au cours du temps entre ces différentes strates. En y pénétrant, on trouvera peu à peu les preuves qu'il y a eu là quelque chose, même si on ne sait plus bien quoi.

✸ **Le titre n'a aucun rapport avec ce que l'on voit.**

Le titre *Numéro 3* situe le tableau dans une série d'œuvres, réalisées avant et après lui. C'est une façon de revendiquer que l'image n'a pas à rendre de comptes à la réalité visible : il est impossible de vérifier si elle reproduit quelque chose et comment. Quant à *Tigre* , le sens en est plus simple à repérer : la sauvagerie, la souplesse des lignes, la puissance, l'élan, le poids, le danger… Autant d'éléments inhérents à l'image.

✸ **Tout cela a-t-il vraiment du sens ?**

Oui, bien sûr. À l'époque où Pollock travaillait, autour de la Seconde Guerre mondiale, les représentations habituelles n'avaient plus pour lui aucune raison d'être. Rien n'aurait su donner le sentiment du désarroi, de l'effondrement, avec assez de force. Si bien qu'il a peint directement l'écroulement et la disparition des choses, le fait de se retrouver égaré dans un monde où l'on ne reconnaît plus rien, mais où l'on s'obstine à rechercher un chemin. L'image n'a pas à représenter des ruines, elle est elle-même chaos, amas de décombres… Des décombres bouleversés, soulevés ici, là, partout, sans aucune trêve, par l'énergie inépuisable du peintre…

Monochrome bleu, sans titre

1957, pigment pur et résine synthétique sur toile montée sur bois
Hamburger Kunsthalle, Hambourg, Allemagne
Yves Klein (Nice, 1928 – Paris, 1962)

27

C'est vraiment un tableau ?
Oui, c'est bien un tableau, un tableau tout bleu.

Il n'y a rien dessus.
Si, du bleu. Le peintre a choisi cette couleur et l'a posée sur son tableau. Alors ce ne serait pas juste de dire qu'il n'y a rien.

On ne dirait pas que c'est peint.
Pourtant on y devine des traces, à la surface, comme de minuscules vagues. Mais il est impossible de deviner par où le tableau a été commencé. On dirait qu'il a été bleu comme ça, d'un seul coup. Ce n'est pas vrai, il a fallu du temps pour parvenir à ce résultat. Mais il semble tellement simple que l'on doit presque se forcer pour s'en rendre compte.

Ça a l'air doux.
La surface du tableau ne brille pas, comme si elle buvait la lumière. On a l'impression qu'en la touchant, on s'enfoncerait dedans comme dans du velours. À regarder cette peinture, on se repose.

Ce pourrait être le ciel.
Ça l'est, en un certain sens. Mais il n'y a ni le soleil, ni les nuages, ni les oiseaux, ni le vent... Rien de ce qui va d'habitude avec le ciel. C'est davantage le bleu du ciel que le ciel lui-même. Le peintre n'a pas décrit le ciel, il a seulement peint la couleur qui en donne l'idée.

Peut-être le peintre n'aimait-il pas les autres couleurs ?
Il devait moins les aimer : auparavant, il avait travaillé avec du rouge, du jaune, du vert... Pour finir, il a choisi le bleu. Selon lui, c'était la couleur la plus importante : en permettant d'imaginer le ciel, la mer, le bleu donne l'idée d'un espace sans limites. Au lieu de s'attacher à une chose précise, il s'évade jusqu'à l'infini.

Pourquoi le peintre ne voulait-il qu'une seule couleur ?
Yves Klein trouvait que la présence de plusieurs couleurs sur le même tableau provoquait un problème. Déjà avec deux couleurs seulement, c'était une bataille qui commençait. Elles devenaient tout de suite rivales : chacune voulait être la plus importante, recevoir le plus d'attention, être la plus regardée... Comme des gens qui parlent en même temps. Puisqu'il cherchait à peindre des tableaux paisibles, il a trouvé la solution en éliminant tous les risques. Avec une seule couleur, pas de conflit possible... On appelle ce type de peinture un *monochrome*.

Yves Klein a-t-il peint des monochromes jaunes, rouges ou verts ?
Oui. Puis il s'est rendu compte qu'entre ces différents monochromes, une rivalité s'instaurait. Sur chaque tableau, tout allait bien. Mais pour ceux qui les regardaient, c'était plus compliqué. Quelqu'un qui venait de voir un tableau vert et qui se trouvait

devant un rouge ne pouvait pas oublier le vert. Ensuite, s'il en regardait un jaune, ça se mélangeait dans sa tête avec les deux autres couleurs... Pour en finir, le peintre n'a conservé qu'une seule couleur, la même pour tous ses tableaux.

✶ **Pourquoi a-t-il choisi le bleu ?**

D'abord parce qu'il l'aimait. Le bleu est très présent à Nice, sa ville natale ; elle est au bord de la mer, il y fait beau... Surtout, cette couleur a plus que les autres la capacité d'évoquer l'intangible, ce qui échappe, les espaces sans fin du cosmos. À partir du vert, du jaune ou du rouge, on peut imaginer mille formes et mille matières, celles des arbres, des fleurs ou des papillons, percevoir la tiédeur de l'herbe ou le feu du soleil. Mais vouloir peindre du bleu, c'est vouloir attraper le vide, l'air qui justement contient les fleurs ou les papillons, et que l'on ne pourra jamais tenir dans ses mains. C'est attirant comme un rêve.

✶ **A-t-il fait beaucoup d'autres tableaux bleus ?**

Énormément, ils sont devenus son univers. Selon les tableaux, la peinture y est plus lisse ou au contraire plus épaisse, parfois même en relief. Leurs formats aussi diffèrent. Mais la couleur est toujours identique. Klein avait trouvé ce qui lui convenait, il n'avait aucune raison de changer.

✶ **Pourquoi le tableau n'a-t-il pas de cadre ?**

Si on lui mettait un cadre, on l'enfermerait. Ce serait le contraire de ce que voulait transmettre le peintre, une prison au lieu d'une ouverture. Ce tableau-là reste libre. C'est aussi pour ça qu'il n'est pas tout à fait appuyé contre le mur. On l'a placé un peu en avant. Plutôt que d'être accroché, il flotte dans l'air.

✶ **À propos des tableaux de Klein, on mentionne souvent l'« IKB ». Que signifient ces trois lettres ?**

Ce sont les initiales de « International Klein Blue ». Elles désignent la couleur spécialement fabriquée pour Yves Klein. Édouard Adam, un quincaillier fournisseur des artistes à Montparnasse, lui avait déniché le produit idéal : une résine synthétique capable de fixer le bleu outremer sans en appauvrir l'éclat. Le mélange, introuvable dans le commerce, fut breveté. « IKB » figure parfois dans le titre des tableaux de Klein, qui soulignait ainsi la valeur objective de l'œuvre — matière et couleur —, indépendante de toute référence extérieure.

✶ **À quoi sert de faire toujours le même tableau ?**

C'est peindre un tableau sans fin. Au lieu de voir les tableaux de Klein comme des répétitions, il faut les comprendre comme des morceaux d'image qui se suivent les uns les autres, sans jamais former l'image complète. Rien n'est achevé, rien n'est définitif, il n'y a aucune conclusion possible. Les peintures se reflètent les unes les autres, elles se répondent comme des échos. C'est comme un poème dont on aurait oublié les mots et gardé seulement une rime.

Une telle peinture ne veut rien dire.

Non, justement, elle ne veut rien dire ou mieux : elle veut ne rien dire. Ce n'est pas qu'elle soit dépourvue de sens, loin de là, mais plutôt qu'elle se refuse à parler... Elle se veut muette. Ni scène de théâtre ni écran de cinéma, ni même texte, ce tableau est un objet qui possède sa propre existence, sa propre couleur, sa forme, sa texture... Tout cela le constitue. Par la décision du peintre, le voilà présent au monde, au même titre qu'un élément de la nature... Exigerait-on d'un nuage, d'un arbre, qu'il veuille dire quelque chose ?

Ça ne doit pas être très intéressant d'en voir plus d'un.

C'est une expérience très particulière. À voir plusieurs monochromes bleus ensemble, dans une exposition par exemple, on perd vite le sentiment que ce sont des images identiques. Ou alors elles le sont, mais comme le seraient des fenêtres qui ne cesseraient de s'ouvrir les unes à côté des autres. Les premières minutes, c'est surprenant, on a tendance à chercher on ne sait pas quoi... Et puis on se laisse aller, on ne pense plus à rien, on entre de plus en plus profondément dans cet espace, on plonge dans le bleu.

Un tableau monochrome, cela manque d'originalité.

Au contraire. Les images, les photos sont partout, dans la rue, à la télévision, sur les journaux, les affiches... Il est difficile d'évaluer combien on en ingurgite en une seule journée, de toutes sortes, saturées d'intentions, de mouvements, de formes et de messages... Aucune d'elles n'approche la limpidité, la pureté d'un tel tableau. Un monochrome d'Yves Klein offre un espace de repos total, du silence pour les yeux et pour l'esprit, l'une des choses les plus rares qui soient, un luxe véritable.

D'autres peintres ont-ils fait des monochromes ?

Oui, Yves Klein n'était pas le premier à y penser, même si ses tableaux bleus ont apporté une aura de sérénité à l'histoire du monochrome. Chez certains, ce peut être une façon de dire que tout reste encore à peindre, c'est une image de commencement et d'espoir ; pour d'autres, c'est une fin, un désert, comme si tout avait disparu. Le plus souvent, ça a l'air d'une attente, une sorte de parenthèse au milieu de tout ce qui s'agite. Tout dépend de l'artiste et de l'époque à laquelle il travaille.

Un tableau est-il moins cher s'il n'y a qu'une seule couleur ?

Bien sûr que non. Le prix dépend de la valeur que l'on attribue aux œuvres du peintre. Qu'il ait utilisé une ou plusieurs couleurs ne change rien. Ce qui importe, c'est que ses recherches l'amènent un jour à peindre de cette façon. Isolément, un monochrome ne compterait sans doute pas autant. Il faut qu'il tienne une place particulière dans l'itinéraire d'un peintre et dans l'histoire de la peinture : c'est cela qui révèle son sens, qui le justifie, comme s'il était la pièce de puzzle indispensable à l'image générale.

Le Roi des Zoulous

1984-1985, acrylique et technique mixte sur toile, 208 x 173 cm
Galeries contemporaines des musées de Marseille, France
Jean-Michel Basquiat (New York, 1960 – *idem*, 1988)

28

✦ **Ce tableau ressemble à une immense feuille de papier journal.**
Le peintre y a rassemblé des quantités de choses qui peuvent faire penser à un journal : des textes écrits tout petits en lettres d'imprimerie, des visages, des bandes de couleur. Il y a aussi des taches de peinture qui coulent et qui recouvrent d'autres images. Comme un journal, il raconte sûrement des quantités de choses différentes.

✦ **Il y a un grand masque qui montre les dents.**
C'est un masque africain. Il a autant l'air d'un vrai visage que d'un masque, il semble vivant ; on dirait qu'il parle. On ne sait pas s'il montre les dents pour nous faire peur, parce qu'il rit ou parce que c'est naturel pour lui d'être comme ça. À moins que ce ne soit lui qui ait peur ou qu'il soit en colère.

✦ **C'est un collage.**
Un collage utilise le plus souvent des éléments de nature et de provenance variées. Ce tableau dispose effectivement les unes à côté des autres des choses qui ne vont pas ensemble en général. Mais elles ont toutes été dessinées et colorées par le peintre lui-même.

✦ **Les choses sont les unes sur les autres.**
C'est ce qui arrive quand la place manque pour tout caser. Le peintre habitait à New York, une ville immense et pleine de monde. Les gens s'y bousculent dans les rues, dans le métro ; parfois ils se font mal. Le tableau est comme ça : les choses s'y empilent comme elles peuvent, c'est à celle qui réussira à passer devant l'autre... De petits bouts d'images timides se faufilent derrière...

✦ **La tête est très grande, mais les lettres sont toutes petites...**
La grande tête pourrait lire tous les petits mots, ou les entendre, et encore les penser. D'un autre côté, les mots si nombreux s'ajoutent les uns aux autres, comme ceux de tas de gens parlant en même temps. D'autres têtes, plus petites, ont chacune leur propre vie... Tout ce monde-là s'agite, réfléchit, écrit...

✶ **On dirait un mur couvert de graffiti.**
À ses débuts, Jean-Michel Basquiat peignait sur les murs, dans la rue. Ensuite, il s'est mis à réaliser des tableaux mais en gardant le même mode d'expression. Il voulait que sa peinture ait exactement les mêmes caractéristiques où qu'elle soit, sur un mur de la ville ou dans un salon : elle montre que dans la réalité, tout se mélange continuellement, des visages, des silhouettes, des animaux, des saletés, des couleurs qui claquent, des phrases sans suite, des mots jetés à la figure, des petits dessins qui ne veulent rien dire, des ratures...

Pourquoi le masque est-il plus grand que le reste ?

C'est le moteur du tableau, son «personnage» principal. Pour commencer, le peintre avait d'ailleurs pensé appeler son tableau *The Brown Mask* (le masque marron). Puis cette figure a dû lui paraître tellement significative qu'il l'a transformée en roi, le «roi des Zoulous». Il a changé le titre du tableau pour donner le « titre» de roi au masque. Toute la peinture peut se comprendre comme l'image d'un roi entouré par la foule de ses sujets, avec la rue pour royaume. En un sens, il s'agit du peintre lui-même.

Pourquoi le peintre a-t-il donné au masque un visage africain ?

Jean-Michel Basquiat, né d'un père haïtien et d'une mère portoricaine, était métis. La façon dont il mêle des motifs multiples sur le tableau traduit cette notion, fondamentale pour lui, de métissage : l'image ne repose pas sur la fusion d'éléments différents, elle les juxtapose en insistant sur la pluralité de leurs sources. C'est à la fois ce qui lui donne un aspect disparate et ce qui fait sa richesse.

Le visage africain domine l'image, c'est lui qui donne le ton ; il indique d'emblée de quoi il est ici question.

Pourquoi les couleurs sont-elles aussi violentes ?

Les couleurs sont surtout très contrastées. Ce sont celles de la ville, des voitures et des affiches publicitaires, des enseignes des magasins et des lumières au néon. Basquiat emploie d'ailleurs de la peinture acrylique, opaque et brillante comme celle des objets fabriqués industriellement que l'on voit chaque jour. Il utilise la couleur pour créer des rapports de force. Les mots aussi jouent leur rôle, indépendamment de ce qu'ils disent : ils sont écrits «noir sur blanc »... Le noir de l'encre sur le blanc du papier et de la toile... Le blanc et le noir de la peau... «Noir sur blanc», c'est aussi : Noir dans une ville de Blancs, Noirs et Blancs dans la cité et dans les rues..

Pourquoi y a-t-il autant à lire sur ce tableau ?

Chaque inscription apporte sa propre humeur. En lisant ce qui est noté là, on s'engouffre dans une peinture dont l'espace est sans fin : le moindre mot fait naître à son tour des images, des couleurs et des sons. L'emplacement de ces mots compte aussi. Par exemple sous le grand masque, «VENT» (écrit en français), dit que de l'air doit souffler autour de lui. Du coup, on le sent avec lui. Près de son oreille, à droite, se trouve une liste en anglais : «COPPER, BRASS, IRON, STEEL, GOLD...» (cuivre rouge, cuivre jaune, fer, acier, or...). On entend le bruit du métal, on sent sa dureté, c'est tiède, froid, c'est banal, c'est riche, ça sert à faire des outils, des machines, des armes ou des bijoux... Et le peintre jongle avec les mots : « copper » veut dire aussi «flic»... À partir de là, toute une histoire s'invente. Il suffit que le spectateur entre dedans.

✷ Ce tableau donne l'impression d'avoir été fait n'importe comment.

Même si le peintre n'a obéi à aucune règle de composition traditionnelle, il ne s'en est pas pour autant remis au hasard. Une telle image, discontinue, disloquée, transmet une forme de rythme propre à son temps. Elle est comparable à une musique de rap. On y retrouve les mêmes ruptures, les mêmes saccades... Vers le bas, on aperçoit un disque en vinyle, l'ancêtre du C-D (compact-disque). Vers le milieu des années soixante-dix aux États-Unis, les premiers « rappeurs » parlaient pendant qu'un disc-jockey faisait passer un disque dont il grattait la surface... Basquiat, qui jouait de la clarinette et du synthétiseur, faisait aussi du rap. Son tableau résume parfaitement cette époque, jusque dans sa sonorité.

✷ Des graffiti, il y en a partout, pourquoi ceux de Basquiat mériteraient-ils d'être dans un musée ?

Même si par définition les graffiti traduisent la volonté qu'ont leurs auteurs de s'exprimer, beaucoup restent assez pauvres, se confinant dans l'insulte ou l'obscénité d'une manière répétitive. Les images de Basquiat témoignent au contraire d'une véritable capacité à composer, à articuler des formes et des références très diverses. Les rapports qu'il établit entre elles relèvent d'un travail délibéré, non d'une protestation ou d'un geste épisodique. Sans avoir appris la peinture ou le dessin de façon académique, il était familier de l'art des musées et fréquentait d'autres artistes. Ses œuvres expriment une virulence extrême, mais elles n'ont rien de primaire. Faire entrer ces « graffiti » dans le musée revient à officialiser la réalité d'un art qui a refusé les fondements esthétiques conventionnels afin d'exprimer sa propre naissance : pour Basquiat, il était vital d'être reconnu non seulement comme un peintre à part entière, mais avant tout comme un peintre issu de la rue, le premier peintre noir américain.

Portrait d'Isabel Rawsthorne debout dans une rue de Soho

1967, huile sur toile, 198 x 147,5 cm
Neue Nationalgalerie, Berlin, Allemagne
Francis Bacon (Dublin, 1909 – Madrid, 1992)

29

✦ **Où se trouve cette drôle de femme ?**

Le titre du tableau nous dit qu'elle est dans une rue. Soho est un quartier de Londres, en Angleterre. C'est un endroit banal où l'on passe souvent, un moment de la vie de tous les jours.

✦ **On ne voit pas le trottoir.**

La dame doit être en train de traverser la rue, c'est pourquoi on ne voit pas le trottoir. Le peintre n'a montré que l'endroit important pour elle en ce moment, c'est-à-dire celui où elle marche.

✦ **Il y a un grand cercle jaune par terre.**

Cela pourrait représenter une grande tache de lumière. On est sûr qu'il fait beau pour au moins deux raisons. La première, c'est que la dame ne porte pas de manteau. La seconde, c'est qu'en haut du tableau, on voit de grandes formes bleues : des stores en tissu qui protègent du soleil les devantures des boutiques ou les terrasses des cafés.

✦ **Cet endroit ressemble à une piste de cirque.**

La forme arrondie du sol rappelle une piste, d'autant plus que sa couleur fait penser à du sable. Il arrive des quantités de choses dans un cirque. On y entrevoit des gens de toutes sortes : des acrobates, des dompteurs, des animaux, des clowns. Des situations imprévues, dangereuses et des accidents peuvent s'y produire... En regardant une rue ordinaire, le peintre pense peut-être qu'il n'y a pas une si grande différence avec un cirque.

✦ **Que fait-elle avec ses mains ?**

Dans la main droite, elle tient sans doute son sac. Elle doit le balancer en marchant, c'est pourquoi on le distingue mal : à peine quelques traces grises dans l'air. L'autre main est dans sa poche ou derrière son dos, c'est difficile à dire.

✶ **Que regarde-t-elle ?**

Elle s'assure, avant de traverser, que des voitures n'arrivent pas. On en voit d'ailleurs au fond. Cela nous donne aussi une indication sur l'état d'esprit de cette femme. Le peintre aurait pu la montrer simplement en promenade : en choisissant l'instant où elle tourne la tête, il insiste sur l'intérêt qu'elle porte à ce qui l'entoure, sur le fait qu'elle est consciente de ce qui se passe autour d'elle. Son regard est aussi vigilent que celui du peintre sur elle.

Pourquoi a-t-elle de grandes traînées de peinture sur le visage ?

Le peintre ne l'a pas représentée comme pourrait le faire une photographie. Il a insisté sur certains traits, il a inventé des couleurs, il a déformé son visage. Il ne cherche pas à imiter précisément ce qu'il voit, mais à faire un tableau à partir de ce qu'il voit : pour faire un portrait, on applique de la peinture sur la toile, alors il la montre avec un visage vraiment couvert de peinture...

Que représentent les lignes droites autour du personnage ?

Elles ne représentent aucun objet particulier, bien qu'on les ait souvent interprétées comme les contours d'une boîte, d'une cage transparente. Ce motif apparaît souvent dans les tableaux de Francis Bacon qui l'a expliqué lui-même comme une sorte de cadre à l'intérieur du tableau. C'est un moyen de concentrer l'attention sur le personnage, de le mettre encore plus fortement en évidence en resserrant l'espace autour de lui.

Au fond, il y a une forme blanche qui ressemble à une corne.

Cette forme attire l'œil car elle est blanche. Dans les rares endroits où le peintre a utilisé du blanc, c'était pour traduire un élan brutal : près de la main gauche d'Isabel Rawsthorne, à ses pieds, au bord de sa robe, sur son visage et bien sûr vers le fond, une ligne courbe qui redouble celle du sol... En fait, ce que l'on prend pour une « corne » n'est que la carrosserie de la voiture qui brille au soleil mais la confusion est possible. Elle est même souhaitable, parce qu'elle permet d'expliciter ce qui est seulement suggéré dans le tableau : une sorte de sauvagerie. Il suffit de laisser les images glisser les unes dans les autres, comme le peintre, et les idées s'enchaînent : voiture, roue, corne, taureau, puissance, arène, combat, danger...

Le peintre a-t-il fait poser quelqu'un pour ce tableau ?

Pas au sens habituel. Francis Bacon trouvait embarrassant de peindre en présence d'un modèle. Il se rendait compte que sa façon de déformer un visage pouvait déranger, même si cela n'était pas son but. Dans le cas d'un portrait, il avait cependant besoin d'un contact avec la réalité. Aussi avait-il toujours des photographies sur lui, servant de repères. Il s'arrangeait pour rencontrer le modèle aussi souvent que possible : le tableau résultait de ce mélange entre la perception de la présence physique, la photo et la mémoire.

Pourquoi le visage est-il peint comme un masque ?

Francis Bacon ne vise pas à reproduire l'apparence d'un masque, mais il se trouve qu'il manipule le visage, comme pour en montrer simultanément la surface et ce qui se cache dessous : il peint à la fois un être vivant et un écorché. Les plans de couleur paraissent des lambeaux de peau retournés, rabattus. Le vert, le blanc et le rose rappellent les nerfs et les tendons. Le peintre fouille cette peau jusqu'à l'intérieur, il ne s'arrêtera pas tant qu'il ne l'aura pas mise à nu. En ce sens, il est vrai qu'on peut parler de masque, mais d'un masque qu'on arrache. Un tel portrait traduit une charge de souffrance presque intolérable. Ce n'est pas la douleur personnelle d'Isabel Rawsthorne mais celle, plus générale, de l'humanité telle que le peintre la perçoit.

Francis Bacon faisait-il beaucoup de dessins avant de peindre un portrait ?

Non, il ne faisait pas de dessin préparatoire ; le point de départ de son tableau était libre, un peu comme une expérience dont personne ne sait comment elle évoluera... Les premières touches de couleurs étaient déterminantes pour lui car, résultant d'une décision initiale, elles provoquaient ensuite des développements imprévus ; dans l'épaisseur ou le parcours d'une touche, dans sa forme, quelque chose relève toujours de ce que Francis Bacon appelait l'« accident ». Son propre geste sur la toile lui réservait une surprise. À partir de là, il s'aventurait dans sa propre logique, une forme en appelant une autre... Parfois, rien ne se produisait d'assez convaincant aux yeux du peintre, l'équilibre entre ce qu'il pouvait contrôler et ce qui lui échappait demeurait hors de portée... On perçoit très bien ici ce partage entre les deux : des formes amples, un dessin large puis tout à coup, la peinture qui gicle, un « accident » à l'état pur.

Qui était Isabel Rawsthorne ?

Une amie, rencontrée plusieurs années auparavant dans un bar de Soho, le quartier évoqué dans ce tableau. C'était un endroit où artistes et écrivains avaient l'habitude de se retrouver. Elle avait été aussi le modèle du sculpteur Giacometti. Pour Francis Bacon, c'était quelqu'un d'important. Ce portrait la présente comme une figure très forte, compacte, une sorte de pilier. Il est significatif que dans le titre le peintre ait insisté sur sa posture, notant qu'elle est « debout » dans une rue... Cette précision qu'il aurait pu omettre affirme encore davantage qu'en effet, elle se tient bien droite dans ce monde incertain et difficile à qualifier. Quoi qu'il arrive, elle assume le rôle de pivot autour duquel gravitent tous les autres, ceux qui ne font que passer.

Les Filles d'Olmo II

Octobre 1981, huile sur toile, 250 x 250 cm
Musée national d'Art moderne, Centre Georges-Pompidou, Paris, France
Georg Baselitz (Georg Kern dit, né en 1938 à Deutschbaselitz)

✦ **Le tableau est accroché à l'envers.**
En fait, il est exactement comme le peintre veut qu'il soit. Mais il est vrai qu'il montre les choses la tête en bas.

✦ **Pourrait-on le retourner ?**
Ce ne serait pas difficile, mais personne n'a le droit de le faire. C'est la décision du peintre qui compte, rien d'autre.

✦ **Faut-il se mettre la tête en bas pour le regarder ?**
L'idée en vient naturellement à l'esprit. Mais c'est inutile car on voit très bien ce que représente le tableau en le regardant comme il est. L'image est simple à comprendre.

✦ **On voit deux personnages à vélo.**
Il n'y a pas de doute, ce sont des femmes : on voit nettement les seins de celle de droite. Le peintre a précisé dans le titre que ce sont des jeunes « filles ». Il s'est aussi arrangé pour que l'on reconnaisse immédiatement des bicyclettes avec le minimum d'éléments.

✦ **Les roues des vélos ressemblent à des galettes.**
Quand on regarde un vélo en train de rouler, on ne peut pas distinguer les vides entre les rayons de ses roues, elles donnent l'impression d'être des sortes de disques, comme ici.

✦ **Il y a du jaune partout.**
C'est peut-être le grand soleil : le tableau transmet tout de suite une sensation de lumière et de chaleur. C'est d'autant plus probable que les jeunes filles sont nues sur leur vélo. Il fait tellement chaud qu'elles n'ont pas besoin de vêtements. En tout cas, c'est ce que devait penser le peintre : elles étaient sûrement habillées dans la réalité. Dans le tableau, il leur a donné l'occasion de se mettre à l'aise...

✦ **Leurs vélos et leurs yeux sont de la même couleur.**
En leur donnant la même couleur, le peintre instaure une harmonie entre les vélos et les jeunes filles, il leur accorde la même importance ; d'une certaine façon, ils sont de la même famille. De plus, le turquoise est un mélange de bleu et de vert : sans qu'on les voie, ces deux couleurs, celles du ciel et de la nature, font partie elles aussi du tableau.

✶ **Pourquoi les jeunes filles se ressemblent-elles autant ?**
Ce ne sont pas des jeunes filles précises. Il est possible que le peintre en ait vu passer et repasser plusieurs, toujours à vélo. Il en connaissait peut-être certaines, mais au bout d'un moment, elles se sont mêlées dans son esprit, il n'a plus cherché à les identifier. Cela n'avait pas d'importance, elles faisaient toutes la même chose.

✶ Pourquoi ont-elles toutes les deux exactement le même vélo ?

Le peintre ne s'intéresse pas plus à des bicyclettes qu'à des jeunes filles spécifiques, il veut donner l'idée du vélo en général. Le fait qu'ils aient la même couleur facilite la chose : on ne perçoit pas deux objets différents. On pense « vélo » et c'est tout.

✶ Pourquoi les personnages et le fond sont-ils de la même couleur ?

L'image apparaît en bloc, comme une unité. Le fond et le corps des personnages sont de la même couleur et de la même substance, si bien qu'on ne peut pas les séparer. Les éléments du tableau forment un tout indissociable. Si les figures étaient moins solidaires du fond, on serait peut-être davantage tenté de les imaginer « à l'endroit ». Là, on est obligé de se rendre compte que c'est impossible. C'est tout le tableau comme ça ou rien.

✶ Comment l'image peut-elle être plate et profonde en même temps ?

Le fond de couleur jaune ne livre aucune indication d'espace ou de lieu. Au départ, on le perçoit comme un mur opaque. Mais les deux jeunes filles ne sont pas tournées dans la même direction. Celle de profil est en première position, elle s'apprête à sortir du tableau. L'autre, à droite, arrive derrière, ses roues sont plus petites, elle est donc encore éloignée. C'est cela qui traduit une profondeur. Elles ne sont pas coincées sur l'image, c'est un espace où elles bougent, elles y vivent... Celle de droite a d'ailleurs la bouche ouverte ; elle parle, elle s'essouffle, on dirait qu'elle a du mal à suivre...

✶ Pourquoi le tableau est-il aussi « mal peint » ?

La peinture est appliquée brutalement, les coups de pinceau sont bien visibles. Au lieu de flatter les modèles, de lisser leurs formes, ils rappellent constamment les gestes du peintre. Par endroits on a l'impression que la couleur s'est rebiffée, il a fallu la dompter. Le tableau résulte d'une lutte, d'un corps à corps avec l'artiste. Il n'est pas « mal peint » mais laisse délibérément visible le travail qui l'a produit : le sujet a l'air d'avoir été arraché à la réalité, la peinture en a bouleversé l'apparence et elle le fait savoir.

✷ Que signifie « Olmo II » ?

Olmo est un petit village de Toscane, en Italie. Georg Baselitz y voyait les jeunes filles faire de la bicyclette. Il a réalisé deux tableaux sur ce sujet ; celui-ci, le second a été peint en octobre. D'après la palette de couleurs choisies par le peintre, il est aisé d'imaginer des arbres en automne, des feuilles qui jaunissent ou qui deviennent rouges. Pour la petite histoire, il faut rappeler que « Olmo » était aussi le nom d'un célèbre coureur cycliste italien, Giuseppe Olmo, un grand champion des années trente. C'était un nom tout désigné pour les jeunes filles de ce tableau...

✷ **Dans quel sens Baselitz peint-il ses tableaux ?**

Il travaille sur des toiles posées au sol en évacuant *a priori* toute notion traditionnelle de hiérarchie. L'image est approchée dans tous les sens à la fois. Sa structure propre l'emporte sur les règles auxquelles les choses sont soumises dans la réalité (le haut, le bas, la gauche, la droite, la longueur, la largeur, etc.). Cela implique donc qu'il ne peint pas sa toile « à l'endroit » en se contentant de la retourner juste au moment de l'exposer.

✷ **Comment peut-on avoir l'idée d'exposer un tableau dans lequel l'image est retournée ?**

Il n'y a rien d'inhabituel à ce qu'un peintre retourne un tableau pour mieux le regarder. C'est même courant, pour prendre de la distance avec le sujet et se concentrer sur l'articulation des couleurs et des formes. On peut tenter l'expérience avec n'importe quelle image : à l'envers, l'équilibre ou les faiblesses de la composition sautent aux yeux. C'est un test qui démontre si le tableau « tient le coup » ou non. Depuis 1969, Baselitz a fait de cette pratique privée un véritable mode pictural.

✷ **À quoi ça sert d'obliger les gens à regarder une image qui est à l'envers ?**

Baselitz n'oblige personne à regarder ses tableaux, qu'ils soient à l'envers ou non. Mais si on le fait, il faut accepter d'être confronté à une situation inattendue... Bien que reconnaissable, le sujet est disposé de telle sorte que le rapport à la réalité est immédiatement contredit. Le lien au réel existe, mais il est perturbé. Baselitz travaille à détruire l'opposition entre peinture figurative et peinture abstraite. Si l'on parvient à dépasser le premier stade de l'étonnement, on réalise une chose beaucoup plus surprenante encore : on finit par oublier tout à fait que les jeunes filles sont « à l'envers »...

✷ **Baselitz peint-il ce genre de tableau pour « choquer » le public ?**

Il est certain qu'un tel tableau ne passe pas inaperçu. Mais « choquer » ne constitue pas une fin en soi. Le peintre obtient par là le type de réaction qui légitime le mieux son travail : dans un monde où l'on voit sans sourciller tellement de photos, de films qui montrent les pires atrocités, les catastrophes naturelles, les gens qui meurent de faim, les victimes des guerres, des tortures et des attentats, voilà que son tableau « scandalise », simplement parce qu'il montre une image à l'envers... Provoquant ce « choc » hors de proportions, Baselitz en démontre du même coup l'absurdité ; et il peut déclarer en toute conscience que, oui, notre monde est bien « à l'envers ». La peinture assume ici l'une de ses vocations les plus fondamentales, celle qui consiste à tirer le regard et l'esprit hors de leur confort...

Pour en savoir plus

Il sera loisible à chacun d'approfondir ses connaissances sur l'œuvre d'un peintre, sur un thème ou une époque en se reportant à de multiples volumes, accessibles aussi bien en librairie que dans les bibliothèques.

À titre de suggestion, voici quelques livres que l'on pourra consulter très utilement pour leur précision et leur clarté, sans jamais avoir l'impression de se noyer.

- **Ernst Gombrich, *Histoire de l'art***, Éditions Phaïdon, 2001. (Paru en 1950, titre original : *The Story of Art*). Un grand classique réédité et réactualisé de nombreuses fois.

- **James Hall, *Dictionnaire des mythes et des symboles***, Éditions Gérard Monfort, 1994. (Paru en 1974, titre original : *Dictionary of Subjects and Symbols in Art*). Une précision : les articles concernent aussi bien les sujets religieux que les sujets mythologiques.

- **René Martin** (ouvrage collectif, sous la direction de), ***Dictionnaire culturel de la mythologie gréco-romaine***, Éditions Nathan, 1992.

- **Nicole Lemaître, Marie-Thérèse Quinson, Véronique Sot, *Dictionnaire culturel du christianisme***, Éditions Cerf-Nathan, 1994.

- **Alison Jones, *Les Saints***, Éditions Bordas, 1995. (Paru en 1992, titre original : *Saints*).

- **Nancy G. Heller, *Femmes artistes***, Éditions Herscher, 1991. (Paru en 1987, titre original : *Women Artists, an illustrated History*).

- **Jean-Luc Daval, *Histoire de la peinture abstraite***, Éditions Fernand Hazan, 1988.

- **Pascale Le Thorel-Daviot, *Petit dictionnaire des artistes contemporains***, Éditions Bordas, 1996.

- **Michel Pastoureau, *Dictionnaire des couleurs de notre temps***, Éditions Christine Bonneton, 1992.

Il existe de nombreuses publications, y compris en format de poche, consacrées à des choix de contes et légendes tirés de la mythologie qui permettront de retrouver les héros dont les peintres illustrent les aventures.

Chaque fois que cela est possible, on se reportera aux divers écrits d'artistes, aux ouvrages relatant des entretiens avec certains d'entre eux, tous types de livres relativement nombreux aujourd'hui. Même s'ils ne donnent pas forcément des commentaires sur des œuvres précises, ce sont des textes irremplaçables pour comprendre leur état d'esprit, approcher leur travail avec le point de vue le plus direct et le plus simple.
Pour le XIXe siècle, on citera en particulier le *Journal (1822-1863),* d'Eugène Delacroix, Éditions Plon, 1996 et les *Lettres à son frère Théo* de Vincent Van Gogh, Éditions Grasset, 2002. Pour le XXe siècle, on lira *Fonctions de la peinture* de Fernand Léger, Éditions Gallimard, 1997 ; les *Entretiens avec Francis Bacon* de David Sylvester, Éditions Skira, 1996 ; les *Conversations avec Picasso* de Brassaï, Éditions Gallimard 1997.

On pourra également se référer à plusieurs sites internet consacrés à l'art : www.artcyclopedia.com ; www.artchive.com ; www.abcgallery.com.

Crédits photographiques :

Adagp, Paris, 2002 : p. 134, p. 150, p. 163, p. 167, p. 172

2002, Mondrian/Holtzman Trust c/o Beeldrecht,

Adagp, Paris : p. 154

Succ. Chagall, Banque d'Images, Adagp, Paris, 2002 : p. 146

The Estate of Francis Bacon, Adagp, Paris, 2002 : p. 176

AKG, Paris : p. 70, p. 118, p. 126

Erich Lessing/AKG, Paris : p. 98, p. 130, p. 159

Archives Adam Biro : p. 78 h

Artephot/J. Martin : p. 163

Baselitz Georg, 2002, Derneburg : p. 180

Bildarchiv Preussicher Kulturbesitz/Jörg P. Anders : p. 110

Bridgeman Giraudon : p. 62, p. 78 b, p. 94, p. 106, p. 142, p. 167

Bridgeman Giraudon/Lauros : p. 176

Cnac/Mnam Dist. RMN : p. 180

Kunsthaus, Zurich : p. 154

Mac, galeries contemporaines des musées de Marseille :
p. 172

Photos12.com/ARJ : p. 62, p. 66, p. 74, p. 82, p. 86, p. 90, p. 102, p. 114, p. 122, p. 134, p. 138, p. 150

Succession Picasso, Paris, 2002 : p. 159

Je tiens à remercier Adam Biro pour l'enthousiasme dont il a fait preuve dès le début de ce projet ainsi que Laurence Golstenne d'une efficacité, d'une patience et d'une disponibilité inépuisables quelles que soient les circonstances.
Ma gratitude va également à Alain Coudert dont les encouragements me furent toujours précieux.
Ce livre, enfin, n'aurait sans doute jamais existé sans le soutien inconditionnel de mon mari et premier lecteur...

Françoise Barbe-Gall

Responsable éditoriale :

Laurence Golstenne

Maquette et mise en pages :

Robaglia Design

Antoine Robaglia, Nathalie Bigard

Dessin (4e de couverture et page de titre) :

José Bulnes

Achevé d'imprimer en France en mars 2011
sur les presses de la **SEPEC**
Numéro d'impression : 05513110321